Me crece la barba

Me crece la barba

Poemas para mayores y menores

Gloria Fuertes

Edición al cuidado de
Paloma Porpetta

R

RESERVOIR
BOOKS

Papel certificado por el Forest Stewardship Council®

MIXTO
Papel | Apoyando la
silvicultura responsable
FSC   FSC® C117695
www.fsc.org

Penguin
Random House
Grupo Editorial

Primera edición en este formato: abril de 2024

© 2017, Herederas de Gloria Fuertes
© 2017, 2024, Penguin Random House Grupo Editorial, S. A. U.
Travessera de Gràcia, 47-49. 08021 Barcelona
© 2017, Paloma Porpetta, por la edición y el prólogo

Printed in Spain – Impreso en España

ISBN: 978-84-19940-50-6
Depósito legal: B-1.817-2024

Compuesto en La Nueva Edimac, S. L.

Impreso en Liber Digital S. L.
Casarrubuelos (Madrid)

RK40506

Prólogo

Gloria Fuertes… conocemos a la poeta. ¿La conocemos? Cuando mencionas su nombre todos recuerdan a Gloria de cuando la tele era en blanco y negro y sólo teníamos dos canales. Poeta. Con cuentos y poesías para niños. Entraba en nuestras casas con su forma tan peculiar de recitar, con sus rimas y chistes, con su voz inconfundible que, a veces, hasta daba miedo, con su forma de vestir, a su moda.

No os traigo aquí a la Gloria de mi infancia. Lo confieso, nunca leí siendo niña a la poeta de los niños. Leí a quien escribía contándome lo que me sucedía. Si tenía problemas de amores, ahí estaba ella. Si me enamoraba de nuevo, ahí volvía a estar. Si me cabreaba con lo que veía, si me encontraba sola, si reía, si lloraba, si sufría o si era feliz.

Ahí, siempre, estaba ella.

Comencé con *Historia de Gloria*. Mi ejemplar de entonces, segunda edición, está desvencijado, marcado, remarcado, doblado y desdoblado, subrayado, casi se me deshace en las manos cuando lo abro. Porque es la historia de Gloria, pero también es la mía. Uno puede leer a Gloria a diario, durante años, y no terminar de leerla nunca.

La obra de Gloria está llena de voy y vengo, del pasado al futuro, del presente. De añoranzas, nostalgias, dolores, penas y soledades. De la vida y la muerte. De las guerras, de las pasadas y vividas, de las guerras de hoy y de las de mañana. Y del humor. De la sonrisa fácil. De denuncias y quejas. De ser poeta (de guardia), sin permisos ni vacaciones, a jornada completa, a vida completa. De comunicar, de compartir, de su necesidad de ser leída. Y siempre, siempre, del AMOR.

En esta selección hablan sus primeras ediciones, tal como lo publicó cuando lo publicó. En dos casos me he permitido añadir unos versos que ella misma anotó a lápiz; y un poema inédito, «Lejos de mi pueblo», escrito en Pensilvania, durante su estancia como profesora en la Universidad de Bucknell.

Mi deseo es que a través de estas páginas os sorprenda, porque este libro habla de Gloria y de vosotros, de cada uno de vosotros.

PALOMA PORPETTA

¡Qué número!

Por las noches,
cuando –más o menos– cómodamente dormís,
me pongo a hablar sola,
–mejor dicho–
a escribir sola, hablando por los pasillos.

Son retahílas de frases nunca dichas
enjoyadas con tacos biensonantes
(indignada por las noticias diurnas).
Me pongo a hablar sola por los codos,
por los que no hablan,
musito versos jamás escritos
y que jamás escribiré.

Resucito salmos para sordos,
hago cabriolas para ciegos.
Es, como si rezara por los que no rezan
–incluyéndome–.
Es, como si amara por los que no aman.
Es, como si dejara de dormir
por los que no pueden soñar.

Amigos,
        lectores,
                amores.
¡Venid esta noche lluviosa
a ver el Pórtico de la Gloria!

Todos contra la contaminación

Que los hombres no manchen los ríos.
Que los hombres no manchen el mar.
Que los niños no maltraten los árboles.
Que los hombres no ensucien la ciudad.

(No quererse es lo que más contamina,
sobre el barco o bajo la mina.)

Que los tigres no tengan garras,
que los países no tengan guerras.

Que los niños no maten pájaros,
que los gatos no maten ratones,
y, sobre todo, que los hombres
no maten hombres.

Geografía humana

Mirad mi continente conteniendo
brazos, piernas y tronco inmensurado,
pequeños son mis pies, chicas mis manos,
hondos mis ojos, bastante bien mis senos.
Tengo un lago debajo de la frente,
a veces se desborda y por las cuencas,
donde se bañan las niñas de mis ojos,
cuando el llanto me llega hasta las piernas
y mis volcanes tiemblan en la danza.

Por el norte limito con la duda
por el este limito con el otro
por el oeste Corazón Abierto
y por el sur con tierra castellana.

Dentro del continente hay contenido,
los estados unidos de mi cuerpo,
el estado de pena por la noche,
el estado de risa por el alma
—estado de soltera todo el día—.

Al mediodía tengo terremotos
si el viento de una carta no me llega,
el fuego se enfurece y va y me arrasa
las cosechas de trigo de mi pecho.

El bosque de mis pelos mal peinados
se eriza cuando el río de la sangre
recorre el continente,
y por no haber pecado me perdona.

El mar que me rodea es muy variable,
se llama Mar Mayor o Mar de Gente
a veces me sacude los costados,
a veces me acaricia suavemente;
depende de las brisas o del tiempo,
del ciclo o del ciclón, tal vez depende,
el caso es que mi caso es ser la isla
llamada a sumergirse o sumergerse
en las aguas del océano humano
conocido por vulgo vulgarmente.

Acabo mi lección de geografía.

Mirad mi contenido continente.

Avería en el mar

El mar se acaba en el mar,
en su tejado de olas,
que tienen forma de tejas
y forma de caracolas.
    En los tejados del mar,
adivinanza adivina,
las brujas son los delfines
y los gatos las sardinas.
    En los tejados del mar,
cuando se rompe una teja,
se sale el mar como loco
y se asustan las sirenas;
a esto lo llamo avería,
otros lo llaman galerna.

Y Dios es el albañil
que baja a arreglar las tejas.

Lo confieso

Es triste, y porque es triste, lo confieso;
aquí estoy yo y vengo voceando,
buceando, mejor, en la niebla;
ahorcándome la voz entre los álamos.
Ganándome el sudor con este pan,
ganándome la vida con las manos,
ganándome el dolor con el placer,
ganándome la envidia con el salmo.
Ganándome la muerte con la vida,
voy consiguiendo todo sin el llanto,
que soy la mujer fuerte que se viste
y medita mirando al calendario.
Es triste, y porque es triste, lo confieso,
cuesta mucho vencerse, sin embargo,
intenta dar un beso al enemigo,
verás que sale luz de tu costado.

La gata y la rata

La gata encontró,
debajo del sofá
una ratonera.
La gata dijo,
de esta manera:
—¡Qué insulto!
¡Quién lo creyera!
Han comprado ratonera,
como si yo no valiera…
Se comió el queso la gata
metió la pata la rata,
la gata le curó el rabo —compasiva—,
y se hicieron muy amigas.
Al poco rato la rata,
convenció a la dulce gata
para irse las dos al campo
y no dar la lata en casa.

Éramos de cáñamo dos cuerdas,
al mirarnos hicimos una trenza.
Ya no somos dos cuerdas,
ahora somos una loca.

Hay un dolor colgando

Hay un dolor colgando del techo de mi alcoba.
Hay un guante sin mano y un revólver dispuesto,
hay una exactitud en la aguja del pino
y en el icono viejo llora la Virgen Madre.
    Todo esto sucede porque estamos cansados.
La vida no nos gusta y seguimos inertes
a lo mejor venimos para ser algo raro,
y a lo peor nos vamos sin haber hecho nada.
    Vienen los gatos flacos con lujurias en boca
cantando eso que cantan a los pies de la urna,
y salen los espíritus debajo de la cama
cuando crecen los naipes en las manos del fauno.

Es inútil

Inútil que a estas fechas
nos empiece a dar pena de la rosa y el pájaro,
inútil que encendamos velas por los pasillos,
inútil que nos prohíban nada,
no hablar por ejemplo,
comer carne,
beber libros,
bajarnos sin pagar en el tranvía,
querer a varios seres,
fumar yerbas
decir verdades,
amar al enemigo
inútil es que nos prohíban nada.

En los diarios vienen circulares,
papeles hay pegados en la esquina
que prohíben comer pájaros fritos;
¡y no prohíben comer hombres asados,
con dientes de metralla comer hombres desnudos!
¿Por qué prohíben pájaros los mismos que consienten
ejecutar el séptimo y el quinto mandamiento?
Tampoco han prohibido los niños en la guerra
y se los sigue el hombre comiendo en salsa blanca.
La «Protectora de Animales» está haciendo el ridículo.
Tampoco han prohibido comer las inocentes pescadillas,
los tiernos y purísimos corderos,
las melancólicas lubinas,

las perdices,
y qué me dices
de Mariquita Pérez
que la compran abrigos de trescientas pesetas
habiendo tanta niña sin muñeca ni ropa,
los enfermos trabajan,
los ancianos ejercen,
el opio en tal café puede comprarse
la juventud se vende,
todo esto está oficialmente permitido,
comprended y pensad nada se arregla con tener buenos
                                        [sentimientos,
hay que tener arranque y ganas de gritar:
—¡Mientras haya guerras comeré pájaros fritos!

Fantasma

No existe,
pero cuando existía,
llevaba la sábana de la abuela
y la vela de la tía.
Sólo salía de noche,
nunca salía de día,
y arrastraba una cadena
para avisar que aparecía.

Afortunadamente

Afortunadamente
no tenemos presente,
no tenemos presente
                  lo
                      de
                        que
nos tenemos que morir.

Nana de la tía tonta

–Duérmete, sobrina, duérmete,
si no te duermes
viene el gato montés.

El gato montés
es un tigre pequeño,
que vigila a los niños
que no tienen sueño.

El gato montés
baja del monte
una vez al mes.

El gato montés
lanza sus rugidos,
y asusta a los niños
que no están dormidos.

La sobrina era lista no se asustó y dijo:
–Que no me asusto, tía, cierra el pico.

Vino el gato montés
y le acarició el hocico
(la niña le acarició el hocico).

Y el gato montés
se quedó dormido en la cama
a los pies.

La tía tonta quedó enterada,
NO HAY QUE ASUSTAR A LOS NIÑOS
para nada.

Soy afiliada

Afiliada soy de todo lo afiliable
lo feo lo bello lo dulce lo amargo,
lo común lo horrible lo cursi lo raro,
lo esto lo otro lo tinto lo blanco;
un cardo, un jazmín, una teja, un santo
(si quedan),
un reo, un maldito, un duque, un esclavo;
todo es útil, vale, todo se aprovecha
—de un cuerno te sale una buena percha—.

Cultura

Perlas de Venezuela.
Cangrejos de Río.
Carbón de León.
Guernica de Picasso.
Catedral de Burgos.

Naranjas de Valencia.
Turrón de Alicante.
Boquerones de Málaga.
Pimentón de la Vera.
Judiitas del Barco.

Gaitas de Pontevedra.
Libros de Cervantes.
Perlas de Venezuela
(esto lo he dicho antes).
Cuadros de Velázquez.

Música de Falla.
Vino de Coria.
Agua de noria.
Diablitos del Infierno.
¡Versos de Gloria!

Sueño 13

Pasé al beaterio.
El beaterio es un cuartucho oscuro
infestado de beatas,
frío, oscuro.
Al entrar tropecé y dije ¡coño!
Una ráfaga de avemarías me ensordeció.
—¡Pecado, pecado, esa mujer trae el coño en la boca!

¡Hago versos, señores!

Hago versos señores, hago versos,
pero no me gusta que me llamen poetisa,
me gusta el vino como a los albañiles
y tengo una asistenta que habla sola.
Este mundo resulta divertido,
pasan cosas señores que no expongo,
se dan casos, aunque nunca se dan casas
a los pobres que no pueden dar traspaso.
Sigue habiendo solteras con su perro,
sigue habiendo casados con querida
a los déspotas duros nadie les dice nada,
y leemos que hay muertos y pasamos la hoja,
y nos pisan el cuello y nadie se levanta,
y nos odia la gente y decimos: ¡la vida!
Esto pasa señores y yo debo decirlo.

Versos con aja y eja

El duende, en la oreja.
La mosca, en la oreja.
El preso, en la reja.
La madre, coneja.
La rica lenteja.
La feliz pareja.

El tiesto, en la reja.
El grillo, en la reja.
El preso, en la reja.
La rica lenteja.
La feliz pareja.

El trigo, en la paja.
El oro, en la alhaja.
El dinero, en la caja.
El zapato, en la caja.
¡Drácula, en la caja!

La lana, en la oveja.
La miel, en la abeja.
¡El verso, en bandeja!

Estoy en un convento

Estoy en un convento
sin paredes ni tocas…
Aquí hay bocas,
sólo puedo besarlas cuando miro;
manos, que sólo puedo apresar en despedida.

Estamos bien

La mañana, se pierde en la maraña.
Por la tarde, los niños de la calle.
Por la noche, la radio del vecino.
La oficina me pone casi muerta.
El silencio, se esconde en la repisa.
Yo no puedo, leer una novela,
y la gata que pare en el pasillo
y mi hermano que no tiene trabajo
y la niña que llora por la esquina,
mi cuñada me pide una cebolla;
en la puerta, que llama el del recibo.
No hay quien pueda vivir cómodamente.
El tranvía no llega casi nunca
y no llega tampoco con el sueldo;
la merienda borrose de la casa;
el periódico nos dice la noticia:
se avecina la garra de la guerra,
y yo digo: ¡Pues sí, lo que faltaba!

Canción del gusano sano

Soy un gusano
muy sano,
por eso estoy
tan ufano,
soy amigo de fulano,
de zutano,
de mengano,
y de todo bicho humano,
–pacífico ciudadano–.

Soy gusano pacifista
el más listo de la lista.

Soy gusanito de seda,
siempre hay paz en mi morera.

Ahora voy de hoja en hoja,
luego seré mariposa,
–luego iré de rosa en rosa–.

¡Seré mariposa blanca,
porque al revolotear,
quiero ser y parecer,
banderita de la Paz!

Desde entonces no sé lo que me digo

Mi madre era de clase media,
mi padre de clase baja,
yo de clase gratuita,
ahora soy de clase soñadora.

Una monja me enseñó una pierna
y yo aprendí el Sermón de la Montaña
y se lo recitaba a mis amigos
en las tabernas de Madrid.

Un miliciano me dio un bote de leche
y me pedía a cambio cuatro cosas,
yo me fui con el bote escupiendo
cuatro palabras bajo la metralla.

La guerra la pasé pasando hambre,
la guerra la pasé «pasando» sal.

En las noches claras

En las noches claras,
resuelvo el problema de la soledad del ser.
Invito a la luna y con mi sombra somos tres.

Canción de la rana rana

—Ti, ti,
ti – ri – to de frío,
dentro del agua del río.

Yo prefiero un charco al sol,
en los campos del arroz.

La rana se ha hecho un sombrero
con la hoja del limón,
la rana se ha hecho un sombrero,
y el ranito un pantalón.

Con la hoja del castaño
se cosió un traje de baño,
con un junco delgadín,
se terminó el violín.

Y ahora toca,
ti ri ri,
ti ri ri.
Ti ti ti.
¡Ti ti!

El sereno

El sereno el domingo madrugaba.
Levantado a las siete de la tarde,
se iba a ver los colores al paseo.
Por la noche el sereno era distinto,
conocía a las putas por las piernas,
conocía a los chulos por el paso
y tenía un revólver pequeñito.
El sereno era pasto de la noche,
entendía de gritos de mujeres,
sabía si parían o gozaban
y reía o llamaba al cirujano.
El sereno era un hombre misterioso,
se afeitaba debajo de la luna
y fumaba cigarros prohibidos.
El sereno está preso,
pues le daba
por proteger a un coro de mendigos.

Tengo un no sé si...

Tengo un no sé sí.
Debajo de mi mano tengo un pequeño tigre,
tengo sólo veinte uñas y sólo veinte años
y una luz que me sale de mi ojo derecho.
También tengo un piano, con floreros encima.
Para usarlas de noche
llevo en mí varias cosas
y una melena lisa que me peino deprisa.
Lo trágico, lo trágico.
¿Es que veis estos pasos con que danzo?
Pues no son míos.
Es que hay un niño siempre muy triste en mi tabaco.

El ratoncito y el elefante

Era en la selva,
y en un rincón,
el elefante
dice al ratón:

—La Naturaleza
es belleza,
pero a veces
es injusta
la Naturaleza.

Mira, hijo,
yo tan grande
y tú tan canijo.
Yo con esta trompa,
tú con ese hociquito.
Yo tan gordo
tú tan delgadito.

Y dijo el ratoncito:

—Es que estoy malito.

Tengo que deciros

Tengo que deciros…
que eso del ruiseñor
es mentira.
Que el amor que sintió
era deseo.
Que la espiga no danza,
se mueve,
porque el aire la empuja.
Que estoy sola,
aunque me estáis oyendo.
Cómo duelen, me duelen, duelen mucho
las abejas que salen de mi cuerpo.
Que la luna se enciende,
no es verdad.
El pianista envenenaba a sus hermanos,
y los poetas guisan y comen y hasta odian.
Tenía que deciros…
hoy tengo algarabía.
Cuando piso el paisaje que quiero
se me llena el talle de avispas
y tengo fuerza en los senos y en las piernas.
¡Voy a curarme!
¡La vida me sonríe como tonta!
…Todo es falso…
La verdad,
que estoy sola esperando el coche de línea.

Cosas que me gustan

Me gusta,
divertir a la gente haciéndola pensar.
Desayunar un poco de harina de amapola,
irme lejos y sola a buscar hormigueros,
santiguarme si pasa un mendigo cantando,
ir por agua,
cazar cínifes,
escribir a mi rey a la luz de la una,
a la luz de las dos,
meterme en mi pijama
a la luz de las tres,
caer como dormida
y soñar que soy algo
que casi, casi vuela.

Nana

Duérmete, mi gata Chundarata
se han dormido los juguetes
y tú sigues dando lata.

Duérmete,
que ya es la una.
Duérmete, mi cascabel
–queda poca noche–,
duerme mi doncel,
que ya son las tres.
Duérmete, gatita,
duérmete,
que los piececitos se te ven.
Duérmete, castaña, duérmete,
que la luna apaga su quinqué.
Duérmete, pingüino,
que al dormir
se te quita el frío en la nariz.
Duérmete, pequeña, encógete,
que los piececitos se te ven.

Duérmete, mi gata Chundarata
se han dormido los juguetes
y tú sigues dando lata.
Duérmete,
que ya es la una.

Duérmete, mi cascabel
–queda poca noche–,
duerme mi doncel,
que ya son las tres.

El camello

¿A qué animal me refiero?
Tiene cara de canguro,
es feo, alto y peludo,
casi no come ni bebe
y como es desgraciado,
siempre vive jorobado
y temiendo al león fiero.
¿A qué animal me refiero?

Sancho Panza

Adivina, adivinanza,
va montado en un borrico
es bajo, gordo y con panza,
amigo de un caballero
de escudo y lanza,
sabe refranes, es listo.
Adivina, adivinanza.

                    ¿Quién es?

El río

Serpiente de agua dulce
que se arrastra por la tierra
y cuando llega al mar se muere.

No sabemos qué hacer

A veces el poeta
no sabe si coger la hoja de acero,
sacar punta a su lápiz y hacerse un verso
o sacarse una vena
y hacerse un muerto.

La huéspeda

Sin comerlo ni beberlo
nos han encerrado en el Cuarto Oscuro
                                    —¡la vida!—
(¡Qué cuarto de hora tan pequeño!)
¡Qué cuarto tan pequeño sin ventanas!
El mío tiene dos puertas eso sí,
una cerrada,
                    —¡Y sólo Dios sabe dónde está la llave!—
y la otra de par en par...

Por ella entra y sale la fulana de la angustia...
... La dejé entrar en casa,
y me pidió quedarse,
me pilló en mal momento,
y la di manta y todo.
Vino para una noche,
y ya va a hacer dos años;
... empezó a meter muebles,
y a adularme los versos...
Otras veces intenta matarme con su vino,
o con su droga barata de tristeza...
¡Voy a hacerlo!
¡Quiero deshacerme de ella...!

... El Abogado dice que no tengo derecho,
que ha pasado el período...
y que ha metido muebles...

y sigo con la Huéspeda.
La zorra de la angustia
anoche llegó mala…
¿Y cómo voy a echarla
si me vino preñada de esperanza?

Don Segundo

–¡Tin, tin!
–¿Quién?
– Don Segundo.

–Don Segundo,
espere un segundo.
Me voy a lavar,
me voy a peinar,
me voy a comer.
… (y si me como
no me verá usted).

Espere un segundo.
Don Segundo.
Me voy a duchar,
me voy a vestir,
me voy a calzar,
me voy a estudiar.

Y don Segundo se cansó
de esperar
y se convirtió en una hora.

La vida es una hora

La vida es una hora,
apenas te da tiempo a amarlo todo,
a verlo todo.
La vida sabe a musgo,
sabe a poco la vida si no tienes
más manos en las manos que te dieron.
Al final escogemos un lugar peligroso,
un pretil, una vía,
la punta de un puñal donde pasar la noche.

El pasillo es tan largo...

Tenía doce años lo recuerdo
cuando entré a trabajar con la Tristeza,
–poco sueldo me daba y he robado
haciéndola traición con la Alegría–.

Yo sé que están buscando para echarme
asistenta –inútil si informes– y no encuentran,
porque...
el pasillo es tan largo...
aunque no hay niños
hay que lavar tanta cortina sin ventana,
fregar tanto cielo
echar la ropa en llanto
sacar brillo al dolor
después de la compra
–donde nadie te fía–.

Y no encuentran.

Me quedaré sisando,
ahorrando,
para hacerme yo mi casa sin techo ni pasillo
como un árbol.

Política

Me apunto al sol
porque no es de nadie
para ser de todos.

A mi amigo el sol

Sol, astro amigo,
rey de los astros,
sé que sin ti
nada nace en el campo.

Sol, astro amigo,
yo te bendigo,
vente conmigo.
¡Ya somos dos!

Sol, astro amigo,
me das mi sombra
y juega conmigo.
¡Ya somos tres!

Como un perrito me sigue
mi sombra asombrada.
Corro y la sombra corre,
me paro y se para,
río y se ríe,
salto y salta.

Tengo buena sombra
        Sol
gracias a tu gracia.

Siempre con los colores a cuestas

No olvido
cuando rojos y negros
corríamos delante de los grises
poniéndoles verdes.

Cuando rojos y verdes
temblábamos bajo los azules (de camisa)
bordada en rojo ayer.

Asco color marrón
que siempre huele a pólvora.

Páginas amarillas leo hoy
para encontrar un fontanero
que no me clave.

Siempre con los colores a cuestas.
Siempre con los colores en la cara
por la vergüenza de ser honesta.
Siempre con los colores en danza.

Rojo contra azul.
Negro contra marrón
como si uno fuera Dalí o Miró.

Doce cerditos

Ocho tetitas
tiene mi cerda,
ocho tetitas
—y orgullosa de ellas—.

Doce lechoncitos
tuvo mi cerda,
ocho están gorditos
y los otros dan pena.

Cuatro biberones
para los lechones
prepara la abuela,
los cría uno a uno
con santa paciencia,
con mucho cariño,
con leche de oveja.

Los cuatro cerditos
no pueden crecer
(biberón de oveja
no les sienta bien).

En vez de gruñir
sólo dicen ¡*beee!*

La lavandera...

La lavandera
lava la bandera
del Ayuntamiento.
El caballo vuela por el cielo
(aquí miento).
Si no hay justicia que haya caridad
(aquí digo la verdad).
El dedo índice en japonés,
se llama *sakamoco*.
(Aquí me pasé un poco.)

La gallina está triste.
¿Qué tendrá la gallina?
—Está harta la gallina
de estar en la cocina.

Mi partido es la Paz

Mi partido es la Paz.
Yo soy su líder.
No pido votos,
pido botas para los descalzos
–que todavía hay muchos–.

El cocinero distraído
(Chiste en verso)

El cocinero Fernando,
pasaba el día pensando
—sin pensar en lo que hacía—
se le olvida echar la sal,
nunca pela las patatas
y le sale el guiso mal.
La paella sin arroz.
             (¡Qué atroz!)
Lo peor fue el otro día…
Encerrado en la cocina,
peló viva a una gallina
y en el horno la metió…
             (Pasó un rato…)
Y la gallina gritó temblando:
—Fernando, Fernando,
o enciendes el horno
o me pones las plumas.
¡Que me estoy helando!

Desde este desierto de mi piso

De este manantial de soledad exterior,
me brota continuamente
el agua clara de la paz;
el silencio interior me acaricia
como no sabe hacerlo ningún humano.
El silencio interior se manifiesta
y me escucho,
—aunque oigo también
los mil ruidos de la autopista
a la que dan mis terrazas—
desde mi celda,
entre el asfalto y las golondrinas
trenzo el puente invidente
por el que paso a meditar,
que no puedo prescindir aún de las personas
de este mundo que me rodea,
que me conoce,
—o que no me conoce—,
que me adula
o hiere o ama
o envidia.

Desde este desierto de mi piso
amo en soledad a todos
y rezo un poema por los analfabetos del amor.

Un globo, dos globos, tres globos

Un globo, dos globos, tres globos.
La luna es un globo que se me escapó.

Un globo, dos globos, tres globos.
La Tierra es el globo donde vivo yo.

Un globo, dos globos, tres globos,
mi casa es un globo grande de color.

Mantenerse en estado optimista
las veinticuatro horas del día
es un hecho heroico que nadie ensalza
y a mí me llena de orgullo de tarde en tarde.

El pájaro enjaulado

–Soy un canario
amarillo y nuevo,
cuando me acurruco
parezco la yema de un huevo.

–¡Pío, pío, pío!
Nunca tengo hambre
nunca tengo frío.

(En mi despiste
se me olvidó el alpiste)

–Quiero a Pepita y a Juan,
porque me dan miguitas de pan.
Quiero a Pepillo,
porque me trae un bocadillo
de membrillo,
y de lechuga, con oruga,
me relamo, soy el amo.

Quiero a Marujita,
porque me trae agua fresquita,
en mi tacita.

Los niños me dan
¡hasta cortezas de tocino!
Y yo les doy mi trino.
–Pío, pío, pío!

Vivo contento
en mi cárcel de alambre,
nunca tengo frío,
nunca tengo hambre.

Los niños… no sé por qué me tienen preso.
No saben que si me abrieran la puerta
me quedaría con ellos.

No perdamos el tiempo

Si el mar es infinito y tiene redes,
si su música sale de la ola,
si el alba es roja y el ocaso verde,
si la selva es lujuria y la luna caricia,
si la rosa se abre y perfuma la casa,
si la niña se ríe y perfuma la vida,
si el amor va y me besa y me deja temblando.
¿Qué importancia tiene todo esto,
mientras haya en mi barrio una mesa sin patas
un niño sin zapatos o un contable tosiendo,
un banquete de cáscaras,
un concierto de perros,
una ópera de sarna…
Debemos de inquietarnos por curar las simientes
por vendar corazones y escribir el poema
que a todos nos contagie.
Y crear esa frase que abrace todo el mundo,
los poetas debiéramos arrancar las espadas,
inventar más colores y escribir padrenuestros.
Ir dejando las risas en las bocas del túnel,
y no decir lo íntimo, sino cantar al corro,
no cantar a la luna, no cantar a la novia,
no escribir unas décimas, no fabricar sonetos.
Debemos, pues sabemos, gritar al poderoso,
gritar eso que digo, que hay bastantes viviendo
debajo de las latas con lo puesto y aullando,
y madres que a sus hijos no peinan a diario,

y padres que madrugan y no van al teatro.
Adornar al humilde poniéndole en el hombro nuestro verso,
cantar al que no canta y ayudarle es lo sano.
Asediar usureros, y con rara paciencia convencerles sin asco.
Trillar en la labranza, bajar a alguna mina,
ser buzo una semana, visitar los asilos,
las cárceles, las ruinas, jugar con los párvulos,
danzar en las leproserías.

Poetas, no perdamos el tiempo, trabajemos,
que al corazón le llega poca sangre.

Paco Pica, el niño ajo

Paco Pica, el niño ajo,
tenía cara de ajo,
ojos de ajo,
dientes de ajo
y pelos de ajo.

Nació en una huerta
que hay a la vuelta
del corral.

Paco Pica, el niño ajo,
fue a la escuela con trabajo.

—Este niño huele a ajo,
—decían sus compañeros
(no estaban bien educados,
todos le daban de lado).

Sólo la niña Cebolla
se sentaba en su pupitre.

La maestra Cebolleta
se da cuenta,
y les regaña muy lenta.

LA MAESTRA:
—Yo quiero aquí al niño sano,

que quiera al niño negrito,
que quiera al niño africano,
que quiera al niño cojito
y que quiera al niño ajo.
Además de compañeros,
aquí todos sois hermanos.
(La maestra Cebolleta,
era guay y muy poeta.)

Sale caro ser poeta

Sale caro, señores, ser poeta.
La gente va y se acuesta tan tranquila
–que después del trabajo da buen sueño–.
Trabajo como esclavo llego a casa,
me siento ante la mesa sin cocina,
me pongo a meditar lo que sucede.
La duda me acribilla todo espanta;
comienzo a ser comida por las sombras
las horas se me pasan sin bostezo
el dormir se me asusta se me huye
–escribiendo me da la madrugada–.
Y luego los amigos me organizan recitales,
a los que acudo y leo como tonta,
y la gente no sabe de esto nada.
Que me dejo la linfa en lo que escribo,
me caigo de la rama de la rima
asalto las trincheras de la angustia
me nombran su héroe los fantasmas,
me cuesta respirar cuando termino.
Sale caro señores ser poeta.

Poesía para pensar

Se me apareció el agua,
y me dijo: –Tengo sed.

Se me apareció el pastel,
y me dijo: –Tengo hambre.

Se me apareció la nieve,
y me dijo: –Tengo frío.

Se me apareció el fantasma,
y me dijo: –Tengo miedo.

Se me apareció el Hada,
y me dijo: –Estoy helada.

Yo me quedé pensativa,
y no les pude hacer nada.

Cuando den flores
los cuernos del ciervo

Cuando den flores los cuernos del ciervo
dejaré de quererte.

Nana al Coco

Duérmete, Coco
que viene el niño
que se lleva a los Cocos
que duermen poco.

Ea, ea, ea,
que si el Coco no se duerme
se me marea.

Duérmete, Coco
que viene el niño
y despierta a sus padres
y a su vecino.

Ea, ea, ea,
que si el Coco no se duerme
se me marea.

Duérmete, Coco,
descansa un poco,
que pronto viene el niño
silbando como un loco.

(Hace poco venía el Coco
para asustar a los niños traviesos.
Hoy hay niños que asustan al Coco.
No seas tú uno de esos.)

Es obligatorio...

Es obligatorio tener mitos
y yo gustosa desobedezco,
gustosa me plancho las blusas,
cuando tengo tiempo,
porque antes es hablar con los amigos.
Es obligatorio presentarse con buenas ropas,
con buenas obras, –no interesa tanto–.
Es obligatorio no asomarse a la ventanilla,
porque tienes que estar vivo si organizan la guerra.
Es obligatorio silenciar que hay tumultos
porque pueden echarte del trabajo,
y si cantas verdades la celda te preparan,
te preparan el llanto, porque es obligatorio...
sufrir siendo persona,
guardar rencor,
adular al pedante,
llevar medias en los templos,
tener bastantes hijos,
volver mañana,
tener enemigos,
es obligatorio todo esto,
y encima te prohíben escupir en el suelo.

Homenajes póstumos

Que le dejen dormir,
que se callen los que se callaron
cuando estaba vivo.

Descripción en paisaje
de un desnudo sin cabeza

Más acá de tu cuello viene Egipto
con sus gemelas y atónitas pirámides
rematadas con fresas como un postre postrero
y abajo el huracán del viento alisio
alisó la planicie que en ánfora se ensancha
y un volcán en el centro
donde antes hubo vida.
Más abajo está el bosque peligroso
donde cuevas azules y violáceas plantas carnívoras
habitan el triángulo falídico o fatídico.

El triángulo se rompe en dos columnas
perfectamente rectas
bien aterciopeladas
capaces de cascar nueces y místicos,
columnas que terminan al fin
en eróticas alas
que parecen dos manos –tienen diez dedos–,
¡Oh pies de este desnudo sin cabeza!

Cuando me enteré que el dictador
murió de fiebre amarilla
sólo pude decir: ¡Bonito color!

La carcoma

Por las patas de la cama del testero,
la carcoma carcomiendo,
la carcoma sin querer
hace música al comer.

Rum, rum, rum.

Por los bordes del arcón
donde guardo el camisón,
la carcoma va y se asoma.
¡Qué carcoma más carcoma!

¡Qué comilona está hecha,
por los cuernos de la percha,
por las patas de la mesa,
cómo roe la princesa!

¡Qué pasillos la carcoma,
va tejiendo la tragona,
qué malísima persona,
voracísima carcoma!

Rum, rum, rum.

Hace días la muy pilla,
se ha metido en la capilla,
y se está comiendo a un santo.

¡Uy qué espanto!

Nota biográfica

Gloria Fuertes nació en Madrid
a los dos días de edad,
pues fue muy laborioso el parto de mi madre
que si se descuida muere por vivirme.
A los tres años ya sabía leer
y a los seis ya sabía mis labores.
Yo era buena y delgada,
alta y algo enferma.
A los nueve años me pilló un carro
y a los catorce me pilló la guerra;
a los quince se murió mi madre, se fue cuando
                              [más falta me hacía.
Aprendía regatear en las tiendas
y a ir a los pueblos por zanahorias.
Por entonces empecé con los amores,
–no digo nombres–,
gracias a eso, pude sobrellevar mi juventud de barrio.
Quise ir a la guerra, para pararla,
pero me detuvieron a mitad del camino.
Luego me salió una oficina,
donde trabajo como si fuera tonta,
–pero Dios y el botones saben que no lo soy–.
Escribo por las noches
y voy al campo mucho.
Todos los míos han muerto hace años
y estoy más sola que yo misma.
He publicado versos en todos los calendarios,

escribo en un periódico de niños,
y quiero comprarme a plazos una flor natural
como las que le dan a Pemán algunas veces.

La araña
(Pasodoble infantil)

Soy la araña
de España,
que ni pica
ni araña,
bailo flamenco
en la pestaña.
Bailo con todas mis patas.
¡Tacatá, tacatá!

Me columpio en mi escenario,
entre flores y canarios
en mi tela de cristal.
¡Tacatá, tacatá!

Y se me olvida cazar;
si cae mosquita o mosquito
a verme bailar invito.
¡Tacatá, tacatá!

Soy la araña
de España,
que ni pica
ni araña.
Soy la araña andaluza
y taco taconeo
si mira la lechuza.
¡Tacatá, tacatá!

Soy la araña
de España,
bailo flamenco
en la caña.
    ¡Tacatá, tacatá!

Se me ha roto la tela
de tanto bailar.

Viene la ausencia

Viene la Ausencia
a llenarnos de piojos, de tristeza,
a meternos de patas en la acequia
a comernos la paz de la despensa;
viene la Ausencia
y nos ultraja encima de la mesa,
y se acerca
a rozarnos las costras de su lepra,
se sacude su capa de miseria
y nos deja garrapatas de angustia
arácnidos de pena.
Viene la Ausencia
y nos deja el pasto de la niebla,
es decir, ahogados en la arena.

Y el deseo se viste de vino
y el vino de pena
y la pena de soledad
y la soledad se disfraza de tristeza
y la tristeza otra vez de soledad,
y la vecina de enfrente no entiende
nada de este carnaval.

Proceso creativo

Servidora, stajanovista del verso
ya que diariamente
saco de dos a tres poemas de la mina (del lápiz)
en una cómoda jornada de horas;
claro que no los pulo,
–no limpio el polvo
ni hago mi cama–.
Una sirena muda me recuerda
que tengo la nevera y la tripa vacía.
A veces hago un alto en el trabajo
y atiendo al insistente teléfono,
según quien sea, me tiro una hora
–para que el interlocutor no se tire un tiro–.
Nadie me prohíbe hablar por teléfono
durante la jornada,
–no robo al estado, pago mis facturas–.
Soy mi jefe de personal,
mi director, mi guía.
Un trabajador libre del libro
un silencioso stajanovista.

Habla el lápiz con la goma de borrar

El lápiz:
–Yo soy el rey de la escritura.

La goma:
–No seas tan presumido, criatura.
Si no es por mí, cuando te equivocas,
yo te evito el cero
–dijo la goma al lapicero–.

El lápiz:
–Yo hago los deberes
y dibujo niños con flores y gorro.

La goma:
–Y cuando te equivocas
yo la falta borro.
Cuando te equivocas
siempre estoy dispuesta,
bien utilizada.
A ti se te rompe la punta
y no vales nada.

Resulta que Dios está desnudo

No puedo dejaros así,
dejaros de la mano tan a oscuras,
por aquí,
seguid a mis palabras, un momento…
Los que echáis un borrón de tinta sobre la estampa de una
                                        [muchacha
con los senos al aire;
mis religiosos murmuradores,
dejad de tejer vuestro ganchillo de censuras.
Oh mis venenosas y dulces viejecitas beatas,
ya tenéis edad para comprender.

Qué fácil es verle cuando no se hace daño.

Resulta, que Dios está desnudo
el que no quiera verle que no mire.

Sociedad de amigos y protectores

Sociedad de Amigos y Protectores
de Espectros, Fantasmas y Trasgos.

    Muy señores suyos:
Tengo el disgusto de comunicarles
que tengo en casa y a su disposición
un fantasma pequeño
de unos dos muertos de edad,
que habla polaco y dice ser el espíritu del Gengis Kan.

Viste sábana blanca de pesca
con matrícula de Uranio
y lleva un siete en el dobladillo
que me da miedo zurcírselo
porque no se está quieto.

Aparece al atardecer,
o de mañana si el día está nublado
y por las noches cabalga por mis hombros
    o se mete en mi cabeza a machacar nueces.
Con mi perro se lleva a matar
y a mí me está destrozando los nervios.
Dice que no se va porque no le da la gana.

Todos los días hace que se me vaya la leche,
me esconde el cepillo, la paz y las tijeras;
si alguna vez tengo la suerte
de conciliar el sueño,
ulula desgañitándose por el desván.
Ruego a ustedes manden lo que tengan que mandar,
se lleven de mi honesto pisito
a dicho ente,
antes de que le coja cariño.

La vaca llorona

La vaca está triste,
muge lastimera,
ni duerme, ni bebe
ni pasta en la hierba.

La vaca está triste,
porque a su chotito
se lo han llevado
los carniceros
al mercado.

Está tan delgada,
la vaca de Elena,
que en vez de dar leche,
da pena.

No es lo mismo

No es lo mismo
el cine que el cinismo.
Es diferente,
estar detrás de una mujer
a estar de frente.
Es diferente,
estar sobre un hombre
que estar bajo un hombre,
(y que la beata no se asombre).

Diálogos de huevos fritos

Esto era un huevo frito, muy erudito,
que le decía a otro huevo frito
de buen corazón.

–Mira cómo hemos acabado,
en el fogón.

–Hemos cumplido nuestra misión,
no te quejes que tienes
patatas fritas y jamón.

–Sí me quejo,
prefiero estar pasado por agua
para un viejo.
Somos dos pollitos fracasados…

–No pienses en eso ahora
si me pones triste sabré mal
a quien me coma.

–Nuestra obligación era ser pollo
o gallina.
–… También acabaríamos
asados en la cocina.

–Adiós, hermano huevo,
mi clara se enferma,
con una miga de pan
acaban de destrozarme la yema.

No dejan escribir

Trabajo en un periódico
pude ser secretaria del jefe
y soy sólo mujer de la limpieza.
Sé escribir, pero en mi pueblo,
no dejan escribir a las mujeres.
Mi vida es sin sustancia,
no hago nada malo.
Vivo pobre.
Duermo en casa.
Viajo en Metro.
Ceno un caldo
y un huevo frito, para que luego digan.
Compro libros de viejo,
me meto en las tabernas,
también en los tranvías,
me cuelo en los teatros
y en los saldos me visto.
Hago una vida extraña.

Los diez dedos

Este dedo uno
es muy tuno.

Este dedo dos
reza a Dios.

Este dedo tres
el más largo es.

Este dedo cuatro
parece un pato.

Este dedo cinco
juega a «pinto, pinto».

Este dedo seis
bien gordo es.

Este dedo siete
gasta bonete.

Este dedo ocho
come bizcocho.

Este dedo nueve
se come la nieve.

Este dedo diez
¡qué bonito es!

De prestado

Vivo como de prestado,
las manos son de mi padre
y la nariz de mi hermano,
el abrigo de un difunto
y el cinturón de un soldado.
Mi vida es de otra persona,
mi verso, de Otro dictado;
todo lo que tengo y llevo
me lo han regalado…
    (la tristeza inclusive).

Cuando la casa escasa

Cuando la casa escasa sólo es casa,
cuando la casa no es hogar ni hay cena,
cuando no hay nadie que me llame «nena».
¿Qué más da que los cuadros tengan polvo?

La nevera vacía toda helada
mi corazón helado y no vacío;
(riego tus plantas) y a tus plantas digo:
—Llévate este zarzal que tú me dieras.

El regalo de la abuela

Vino del pueblo la abuela.
Compró una planta,
y la puso de adorno
sobre la alacena.

La planta era carnívora
¡y se nos comió la cena!
(¡qué faena!)

La linda tapada

No te tapes Poesía
te reconozco en las cosas pequeñas
y en las casas grandes,
allí donde estés, daré contigo.
Te huelo poesía,
te presiento en el alto y en el bajo,
en el monte y en el burdel,
en el mar y en el borracho,
en la alegría del mar
y en el dolor del mal.
No te tapes poesía que te veo,
no me tientes a retóricos sonetos,
vamos a hablar como siempre,
¡o te mando de paseo!

Autobio

Yo de pequeña quería ser monja
y mi padre (que era muy republicano)
me pegaba cada vez que lo repetía.

Yo de pequeña quería ser puta
y mi madre (que era muy beata)
me pegaba cada vez que lo repetía.

Yo de pequeña quería ser huérfana
y mis padres me pegaban
cada vez que lo repetía.

Yo de pequeña quería ser poeta
y la vida me pegaba.
¡Pero conseguí serlo!

La poeta

La poeta se casó con el poeto
y en vez de tener un niño
tuvieron un soneto.

Fortunato y su fortuna

Fortunato
Carapato,
compraba todo barato.
Tan barato lo compraba
que no le costaba nada.

Por la noche,
en pueblos y poblaciones,
iba cogiendo cartones.
Empezó con bicicleta
ahora tiene dos camiones.

Veréis cómo a los cartones,
los convertía en millones.

En su pueblo, en las afueras,
formó grandes cordilleras,
de montones de cartones.
la ciudad se quedó limpia,
porque todos los ratones,
se fueron a vivir juntos,
a los «pisos» de cartones.

Las fábricas de papel
le compraban el cartón,
y al año gana un millón.

–¿Con suerte?
–No, con trabajo.
¡Menuda fortuna
hizo Fortunato Carapato!

La pata mete la pata

La pata desplumada,
cua, cua, cua,
como es patosa,
cua, cua, cua,
ha metido la pata,
cua, cua, cua,
en una poza.

—¡Grua!, ¡grua!, ¡grua!
En la poza había un cerdito
vivito y guarreando,
con el barro de la poza,
el cerdito jugando.

El cerdito le dijo:
—Saca la pata,
pata hermosa.
Y la pata patera
le dio una rosa.

Por la granja pasean
comiendo higos.
¡El cerdito y la pata
se han hecho amigos!

No tengo nunca nada

No tengo nada nunca en mi gris monedero,
tampoco nunca nada que ponerme elegante,
siempre llevo los mismos zapatos sin cordones,
y a veces fumo negro y nada importa nada.
    Tengo un cristal clavado debajo de la lengua
y un nuevo ser… Observad que voy a hablaros de un nuevo ser.
¿Qué caduco ha gritado que apenas quedan almas?
Acabo de encontrarme una con halo y todo,
dice que no soy mala y yo me tiro al suelo
y golpeo la tierra con mis puños abiertos.
    De pronto se ha llenado mi monedero triste,
el pelo y la mirada se me ha puesto elegante.
Al diablo mis zapatos con las bocas abiertas,
hoy tengo nueva ave en mi corral piando.

Te vi

Te vi,
se rompieron nuestras soledades,
se alborotó el instinto,
se llenaron de luz las lámparas fundidas.
Se murieron del susto, nuestros primeros padres,

y tu pena y mi pena,
se suicidaron juntas
la tarde,
de nuestro encuentro.

Quinientos kilos de corazón

La ballena azul
nació en el Mediterráneo...
Nadando, nadando
cruzó el ancho estrecho
y llegó una mañana
a la costa africana.
Se quedó en la costa africana
porque le dio la gana.
La robaron del mar,
que era su dueño
y la pescaron los noruegos.

Sólo su corazón pesaba
media tonelada.
La ballena azul
estaba enamorada.

Al borde

Soy alta,
en la guerra
llegué a pesar cuarenta kilos.

He estado al borde de la tuberculosis,
al borde de la cárcel,
al borde de la amistad,
al borde del arte,
al borde del suicidio,
al borde de la misericordia,
al borde de la envidia,
al borde de la fama,
al borde del amor,
al borde de la playa,
y poco a poco me fue dando sueño,
y aquí estoy durmiendo al borde,
al borde de despertar.

Escalando

La Muerte estaba allí sentada al borde,
–la Muerte que yo vi no era delgada,
ni huesuda, ni fría,
ni en sudario envolvía su espesa cabellera–.
La Muerte estaba sola como siempre,
haciéndose un chaleco de ganchillo,
sentada en una piedra de la roca,
estaba distraída, no debió verme,
en seguida gritó: «¡No te tocaba!»
y se puso a tejer como una loca.
–Podrás llevarte entonces estos versos,
estas ganas de amar y este cigarro,
podrás llevarte el cuerpo que me duele
pero cuidado con tocar mi alma.
A la Muerte la tengo pensativa
porque no ha conseguido entristecerme.

¡Qué patas tiene el tiempo!

Qué patas tiene el tiempo
¡cómo corre!
Y qué nervios el río
¡cómo salta!
Qué alas la paloma
¡y cómo vuela!
Qué pulmones el perro
¡cómo ladra!
Qué hojitas tiene el árbol
¡cómo crece!
Qué gracioso es el loro
¡cómo habla!
Qué bombero el monito
¡cómo trepa!
Qué golosa la mosca
¡cómo cata!
Qué bonito es el cielo
¡cómo llueve!
Qué tipito el patito
¡cómo anda!

Nunca terminaré de amarte

Y de lo que me alegro,
es de que esta labor tan empezada,
este trajín humano de quererte,
no lo voy a acabar en esta vida;
nunca terminaré de amarte.
Guardo para el final las dos puntadas,
te–quiero, he de coser cuando me muera,
e iré donde me lleven tan tranquila,
me sentaré a la sombra con tus manos,
y seguiré bordándote lo mismo.
El asombro de Dios seré, su orgullo,
de verme tan constante en mi trabajo.

Él la creyó ligue fácil,
la invitó a cenar en un lujoso restaurante.
Él tenía tela.
–Yo melón con jamón.
¿Y tú, gacela?
–Yo –dijo la obrera–,
sandía con mortadela.

Mi vecino

El albañil llegó de su jornada
con su jornal enclenque y con sus puntos.
Bajaron a la tienda a por harina,
hicieron unas gachas con tocino,
pusiéronlo a enfriar en la ventana,
la cazuela se cayó al patio.
El obrero tosió:
—Como Gloria se entere,
esta noche cenamos Poesía.

Lo, lo lógico
(hasta tartamudeo por lo que voy a decir)

Lo lógico
es tener miedo a lo ilógico,
por ejemplo: la muerte.
Debido a que yo no soy tan lógica como creen,
no tengo miedo a morir,
sino a vivir
sin que me ame.

1.200 metros por segundo recorre una bala,
y el ruido del disparo suena a odio.

Hay tantas...

La mosquita muerta
que nunca ha roto un plato,
tiene un saco de odio
debajo
del refajo.

Ya ves qué tontería

Ya ves qué tontería,
me gusta escribir tu nombre,
llenar papeles con tu nombre,
llenar el aire con tu nombre,
decir a los niños tu nombre,
escribir a mi padre muerto
y contarle que te llamas así.
Me creo que siempre que lo digo me oyes.
Me creo que da buena suerte:

Voy por las calles tan contenta
y no llevo encima nada más que tu nombre.

Con un cero

Con todo se puede hacer algo.
Hasta con un cero
—que parece que no vale nada—:
se puede hacer la Tierra,
una rueda,
una manzana,
una luna,
una sandía,
una avellana.
Con dos ceros
se pueden hacer unas gafas.
Con tres ceros,
se puede escribir: «yo os quiero».

Todo asusta

Asusta que la flor se pase pronto.
Asusta querer mucho y que te quieran.
Asusta ver a un niño cara de hombre,
asusta que la noche…
que se tiemble por nada,
que se ría por nada asusta mucho.
Asusta que la paz por los jardines
asome sus orejas de colores,
asusta porque es mayo y es buen tiempo,
asusta por si pasa sobre todo,
asusta lo completo, lo posible,
la demasiada luz, la cobardía,
la gente que se casa, la tormenta,
los aires que se forman y la lluvia.
Los ruidos que en la noche nadie hace
—la silla vacía siempre cruje—,
asusta la maldad y la alegría,
el dolor, la serpiente, el mar, el libro,
asusta ser feliz, asusta el fuego,
sobrecoge la paz, se teme algo,
asusta todo trigo, todo pobre,
lo mejor no sentarse en una silla.

Lo que me enerva

Lo que me enerva es,
saber que estás de paso,
y aún así,
no acariciar bastante
atardeceres cuerpos,
risas,
manos,
muslos,
senos,
hombros,
brazos.

Y no acariciar bastante
la vida en vano.

Ángelus

En la oscura clandestinidad
como un monje solidario y solitario
recito medio rosario
de poesía y pavor.
Primer misterio de amor: Gracias porque es otro día Avemarina.
La vida es la maestra de mi vida Avemarina.
Costa gaviota soy tu devota
Avemarina.
Ya no voy a la oficina
Avemarina.
Ángeles revolotean
gratitud de vuestra sierva.
Que no reviente mi aorta es lo que importa.
Ave, ave matutina,
líbranos de la rutina.

Gatos constipados

Somos dos gatos,
Rosquito y Ros,
estamos malitos,
tenemos tos.
Tose Rosquito
y toso yo.
Y por la noche,
cuando dan las dos,
nos da la tos
a los dos
(a las dos).

Sale la dueña
con un escobón,
nos echa a la calle
sin preocupación.

Sin leche caliente,
doy diente con diente,
sin lumbre ni manta,
el frío me espanta.
Nos tiembla el bigote,
nieve en el cogote.

—¡No lo entiendo!
—dijo Rosquito apenado—.

Hasta que se nos pase el resfriado,
tenemos que dormir en el tejado.

Tirita Rosquito.
Tirita Ros
de ver a los gatos,
tirito yo.

Postal

Todo era propicio.
Cerca el mar,
lejos el pueblo,
cerca el cerco
de dos soledades que se desmoronan,
se oyó el tintineo
de un campanario,
después de excitante silencio
nos dejamos de risas y miradas.
¡Y nos pusimos a pecar como ángeles!

Cristales de tu ausencia

Cristales de tu ausencia acribillan mi voz,
que se esparce en la noche
por el glacial desierto de mi alcoba.
–Yo quisiera ser ángel y soy loba–.
Yo quisiera ser luminosamente tuya
y soy oscuramente mía.

Nací para poeta o para muerto

Nací para poeta o para muerto,
escogí lo difícil
–supervivo de todos los naufragios–,
y sigo con mis versos
vivita y coleando.

Nací para puta o payaso,
escogí lo difícil
–hacer reír a los clientes desahuciados–,
y sigo con mis trucos
sacando una paloma del refajo.

Nací para nada o soldado,
y escogí lo difícil
–no ser apenas nada en el tablado–
y sigo entre fusiles y pistolas
sin marcharme las manos.

Fumando

Me pasó como con tanta gente:
se me cayó ceniza del cigarro,
apresurada la cogí con estos dedos
para que no quemase el tapete,
y nada cogí
    –algo frío grisáceo que ni quemaba ni era–,
me pasó como con tanta gente.

La gallinita

La gallinita,
en el gallinero,
dice a su amiga:
«Ya viene enero».

Gallina rubia
llorará luego.
Ahora canta:
«Aquí te espero…»
«Aquí te espero,
poniendo un huevo.»

Me dio la tos
y puse dos.

Pensé en mi ama,
¡qué pobre es!
Me dio penita,
¡y puse tres!

Como tardaste,
esperé un rato
poniendo huevos,
¡y puse cuatro!

Mi ama me vende
a doña Luz.
¿Yo con arroz?
¡Qué ingratitud!

Las tres tontas

Por el pueblo ceniza,
van las tres tontas.

La una lleva una piedra,
un jarro lleva la otra
y la tercera va a misa
lleva un rosario de moscas.

−Ponerlas la zancadilla−,
los chicos les tiran cosas.

−¿Quieres ser mi novia, Elisa?−
se sonríe la más boba.

−Es mentira que me quieres
−dice la más habladora−,
no podemos ir al baile,
somos tontas.

Van cogidas de la mano
           a por conchas
sobre el río van andando,
           las tres tontas.

El guía de la abadía

–Y ahora, pasen al salón
vean las tres reliquias
de San Palemón;
aquí en el Sacristorio
se conservan
limpias de polvo y paja
–niño abre la caja–;
vean las tres calaveras
del Santo Patrón,
calavera de San Palemón niño
calavera de San Palemón adolescente
y aquí, la calavera de San Palemón ya anciano en el martirio
–niño sujeta el cirio–.
(Las estampitas benditas
y pasadas por sus cuentas
valen a treinta).

¿Dónde vas carpintero?

—¿Dónde vas carpintero con la nevada?
—Voy al monte por leña para dos tablas.

—¿Dónde vas carpintero con esta helada?
—Voy al monte por leña, mi Padre aguarda.

—¿Dónde vas Rey de Reyes con esta escarcha?
—Yo me voy con los niños que me esperaban.

—¿Dónde vas con tu amor Niño del Alba?
—Voy a salvar a todos los que no me aman.

—¿Dónde vas carpintero tan de mañana?
—Yo me marcho a la guerra para pararla.

No necesito odiar

No necesito odiar a mi insultante.
No necesito la noche del sábado ir a misa,
yo sólo necesito ver tu risa
y escribir esta noche ese poema
que no haya escrito nadie antes de ahora.
Necesito ser tu productora
y poner a tu nombre mis caudales,
son arroyos pequeños, limpios ¿sabes?
caudales-llanto –puro y poesía–.

Sé que con poesía no se come
no se come no, pero se ama,
no es necesario no, irse a la cama,
aquí no pintan oros pintan manos,
es extraña bajara, es un juego de niños,
es juntar y pesar muchos cariños
y ver que sólo el nuestro tiene alas.

Te escribo puesta en pie y en madrugada
apenas pasa un coche pasa un viento,
mi corazón estalla de contento,
yo recito tu nombre tú me escuchas.
La distancia no existe, aunque ya es mucha,
te siento por mi alma acariciando el límite.
Siénteme tú ahí trabajando a deshora,
derribando yo sola, el imposible.

Los tres pingüinos

Eran tres pingüinos
que se llamaban
   PIN
    GÜI
     y NO

Pin quería a Güi
y Güi quería a No,
por eso el pobre Pin,
estaba siempre so,
(solo).

Lo único que Pin,
conseguía de No,
era que siempre No
le hablara sobre Güi.

Se cansó el pobre Pin,
de tal desolación,
y se marchó por fin,
del Polo Sur al Polo Nor.

Y ya solo en el Polo,
el pingüinito Pin,
se pasaba los días
escribiéndole a Güi.

Oración

Poderoso Quienseas,
si eres tan sólo un hueco
permíteme pasar,
que mira como arrecia.
Señor,
     Guadarrama Divino,
el oleaje de tus piedras me azota,
      –peligroso es amarte–.

Poema al no

No a la tristeza.
No al dolor.
No a la pereza.

No a la usura.
No a la envidia.
No a la incultura.

No a la violencia
No a la injusticia
No a la guerra.

Sí a la paz.
Sí a la alegría.
Sí a la amistad.

Me crece la barba

Por la tarde me crece la barba de tristeza.
¡Trae la bacía llena de llanto,
saca la faca y afeita en seco
estas pelambres que pinchan tanto!
¡Qué barba tengo! (¡Qué dolor bárbaro!)

Tengo una pena de bigote,
de tanta pena bigote gasto,
lloro y me crece,
corto y rebrota —no doy abasto—.

Luego la gente no nota nada.
—¡Qué alegre es Gloria!— dicen al paso.

Sólo mi espejo sabe que tengo
pena de Cristo
barba de Cristo crucificado.

Rabicorto y orejudo

No bebe vino el elefante,
pero lleva una «trompa» constante
El elefante,
de la selva emigrante.

Ahora vive en el zoo
solo, sin acompañante.
El elefante, gordo pero elegante.

Es pacífico,
no lucha
y con su trompa
se ducha.

Rabicorto
y orejudo,
para acordarse de algo
se hace con la trompa un nudo.

Autobio

De pequeña quería ser huérfana
porque mis padres no me querían.

Del 36 al 39

Yo estaba sana,
pero el hombre y el hambre
me dolían todos los días.

Anuario

En octubre
(duda cubre).
En diciembre,
vuelve a quererme
(yo tampoco).
En febrero,
vuelve loco
(yo tampoco).
En abril,
mentiras mil.
Por agosto
y con el frío
(no me fío).

No me fío
vas y vienes,
y yo sierra
que te sierra
los arbustos
de mis sienes.

Carta explicatoria de Gloria

Queridos lectores:

Os pido excusas y excusados
y os insinúo que me perdonéis
por estas entregas diurnas
que vengo entregándoos últimamente.

Más siento yo que vosotros
que mis versos hayan salido a su puta madre;

más siento yo que vosotros
lo que me han dolido al salir,
quiero decir, la causa por la que,
me nacieron tan alicaídos y lechosos.

No soy pesimista,
soy un manojo de venas desplegadas
que apenas puede aguantar el temporal.

Me pagan y escribo,
me pegan y escribo,
me dejan de mirar y escribo,
veo a la persona que más quiero con otra y escribo,
sola en la sala, llevo siglos, y escribo,
hago reír y escribo.

De pronto me quiere alguien y escribo.
Me viene la indiferencia y escribo.
Lo mismo me da todo y escribo.

No me escriben y escribo.

Parece que me voy a morir y escribo.

Los doce meses

En Enero,
zambomba y pandero.
En Febrero,
(San Valentín) di te quiero.
En Marzo,
sortija de cuarzo.
En Abril,
tararí que te vi.
En Mayo,
me desmayo.
En Junio,
como una vaca rumio.
En Julio,
veo a mi amigo Julio.
En Agosto,
mi tío bebe mosto.
En Septiembre
(que buenas notas siembre).
En Octubre,
hojas secas suelo cubre.
En Noviembre
el aire hace que tiemble.
En Diciembre,
la nube nieva nieve.

Y durante todo el año,
que nadie nos haga daño.

Cuando la revolución de mil novecientos veinte
las carmelitas se trajeron la mano de Santa Teresa.
No sé cómo llego al Pardo.
Las carmelitas de Ronda piden la reliquia a Franco.
Franco no les da la mano.
La mano no se pierde,
la tiene Franco para dirigir España
—dijo el Obispo a la hermana—.
Franco la tiene de pisapapeles en su despacho.
La mano de Santa Teresa inerte
extendió el dedo corazón
cuando Franco firmó cinco penas de muerte.
Se estremeció el mundo de lado a lado
cuando los cinco últimos vencidos
fueron fusilados.

La reliquia de Santa Teresa (la mano)
vuelve al convento de las Carmelitas
y en el palomar
hay revuelo de hábitos
y gran festival.

La subnormal a un muerto acunaba

Sana,
sana,
culito
de rana.
La subnormal a un muerto acunaba.

La vida es un cigarro

Se ha declarado una epidemia de paz por mis piernas,
me impide dar un paso decisivo;
si viene el enemigo que se largue
                              –ya no recibo–.
¡No vuelvo a beber barro!
–da borrachera y atroz náusea de nichos–;
acércame tu luz,
                y fumemos a medias el pitillo.

Una de gatos

El gato Pirracas
estaba helado,
el gato Pirracas
vivía en el tejado.

La gata Timotea
con las patas se asea,
la gata Timotea
vivía en la azotea.

«Bájate conmigo, gato;
salta, gato, no seas pato,
tengo comida de lata»,
le dijo la gata.

La gata y el gato
tuvieron amistad,
y tuvieron gatitos.
¡No faltaba más!

Siete gatitos
tuvo Timotea,
al calor de las siete
chimeneas.

Y Pirracas fue el gato más feliz
de los castizos
tejados de Madrid.

Nubarrones

El día está triste,
el cielo parece
una gran familia
con muerto reciente,
que no se acostumbra
a estar sin pariente.
Yo no me acostumbro,
a estar sin un vaso
de beso candente.
¡Qué buena es la niña! (yo)
¡Qué mala es la gente!

Letra bailable

Me gustan las sevillanas
cuando bailan sevillanas,
se cogen de la cintura
¡qué gran orgía lesbiana
criatura!

La brisa y el viento

¡Tienen su nido en la cumbre!

La Brisa cuece castañas
y el Viento sopla la lumbre.

El día les dejó.

Y la Brisa se marcha
del brazo con el Viento.

Piden permiso al Sol
para su casamiento.

El Sol les dejó.
¡Ya se han casado los dos!

Que todo hay que decirlo en un poema

Como monjas arrepentidas
dejamos el torno por el contorno,
el bien dejamos
por el mal que nos hace el bien
—que todo hay que decirlo en un poema.

Nos apaleamos el hígado
a base de güisqui de barril
o amargamos a la dulce esposa
y nuestra frustración inconfesable
convertimos en agresiva oración gramatical
que —dicho por desdicha—
es capaz de matar al inocente.

Gracias, amor

Gracias, amor
por tu imbécil comportamiento
me hiciste saber que no era verdad eso de
«poesía eres tú».
¡Poesía soy yo!

La oveja

La oveja bala,
(a base de balidos
la oveja se comunica
con sus vecinos).

La oveja es torpe,
sólo se sabe una letra,
la be.
Me dice: Be,
       Be,
          Be.
            (Me voy)

Hay tres clases de personas

Hay tres clases de personas:

Las que sudan
las que tosen
y las que son felices.

Niño barato

En el Portal de Belén
hay un Niño muy barato,
le dan calor animal
un perro y un gato.

No ha hecho más que nacer
y ya nos hizo un milagro,
le dan calor animal juntitos
un perro y un gato.

Su padre es obrero,
–sin trabajo– y a sus manos,
le dan calor animal
un perro y un gato.

Su madre le da alimento,
y a su pecho inmaculado
le da calor animal
un perro y un gato.

Dentro desnudo hay un Niño,
fuera la nieve nevando
le dan calor animal
un perro y un gato.

Menudo menú

En la guerra comíamos…
de extraordinario,
piltrafas con patatas o con arroz
los domingos
en el colectivo comedor.
Los lunes,
lentejas rellenas
de cucarachas pequeñas.
¡Nada de qué horror!
El horror era
que se estaban matando alrededor.

Q es para queti-queta

La quisquillosa paleta
que va a un colegio elegante
y se pone guante blanco
para comerse un guisante
(y no deja el aro a nadie).

La oca loca

Dediqué mi libro
a una niña de un año,
y le gustó tanto,
que se lo comió.

A no ser en tus manos

A no ser en tus manos,
donde mejor me encuentro es en el mar,
allí empiezo a leer hojas a los peces
—en el bosque leo peces a las hojas—,
en las hojas del nogal he aprendido.
En los ojos de los hombres nada veo,
a veces les cuelga una lista de muertos
de las sucias pestañas.

Por eso retorno a tus manos,
que siempre me ofrecen un mendrugo de paz.

El jardín encantado

Una nube oportuna
regaba las flores.
Dos pavos reales
barrían el jardín
con sus colas de colores.
Tres cisnes en el lago.
Cuatro patos en la orilla.
Cinco monos en pandilla.
Seis gorriones picotean.
Siete girasoles en la azotea.
Ocho gatos duermen la siesta.
Nueve murciélagos se despiertan
Y Diez dedos
en las manos mágicas del jardinero.

Me gustaría tener una amiga

Me gustaría tener una amiga
que se llamase Tenta.
Y estar siempre con Tenta.

Abril

Sin más candil
que la luz de la luna
en el jardín.

Azulinas moradas
y rojas rosas
bailan y saltan unas con otras.

¡Qué suerte tuvo
la más peluda,
que bailó con un trébol
siendo ella viuda!

¡Qué suerte tuvo,
rosita coja,
que bailó con un trébol
de cuatro hojas!

Sin más candil
que la luz de la luna
en el jardín.

La última visita

Yo la vi vestida de cuervos.
La Muerte
iba por el hospital
afilando narices,
hundiendo ojos,
secando pechos,
poniendo al bueno malo,
haciendo al malo bueno.
La Muerte,
matando muertos.

A veces me sucede

A veces me sucede que no me pasa nada,
ni sangre ni saliva se mueve en mis canutos;
la mente se me para y el beso se me enquista
y a siglos con pelusa me saben los minutos.
El río es un idiota, un terrible obediente,
el mar sigue llamándole como a can hechizado
el mal esclavo húmedo, se arrastra por los suelos;
—ya se me están quedando los pies fríos—.
¡Qué voz triste el trapero! ¿Qué tiene por su saco?
El día se despeina, la Rufa está preñada,
la vaca de Pedrito me sigue haciendo señas,
a veces me sucede que no me pasa nada…

En Aravaca

En Aravaca
encontré una vaca
de hermosa cola,
llorando sola.

–Señora vaca,
¿y por qué llora?

–Por mi chotito
se lo llevaron
brujas y brujos
por el tejado.

Pienso mesa y digo silla

Pienso mesa y digo silla,
compro pan y me lo dejo,
lo que aprendo se me olvida,
lo que pasa es que te quiero.
La trilla lo dice todo,
y el mendigo en el alero,
el pez vuela por la sala,
el toro sopla en el ruedo.
Entre Santander y Asturias
pasa un río, pasa un ciervo,
pasa un rebaño de santas,
pasa un peso.
Entre mi sangre y el llanto
hay un puente muy pequeño,
y por él no pasa nada,
lo que pasa es que te quiero.

**Tener de nada y de todo.
Tener de todo y de nada.**

Tener: una bruja blanca y tuerta
      una flor en cada puerta,
      un lago con una barca,
      un beso cada mañana,
      un poeta en la ventana,
      un amor inmenso y hondo
      correspondido hasta el fondo.
      Con tu amor dar un paseo
      sentarte en un banco al sol
      sin dolor en cicatrices
      comiendo pipas felices.
Tener de nada y de todo.

Tener de todo y de nada:
Armarios llenos de joyas
cuatro fincas, cuatro casas,
un yate, cuatro mercedes
campo de golf,
dos señoras (tan sólo para la cama)
ser alto cargo de empresas.
      Tener de todo y de nada.

Las monas caprichosas

El mono en el cocotero,
dice a la mona: Te quiero.
(La mona no le hace caso.)

El mono se vuelve loco,
y come un coco
poquito a poco.

El mono dice: Te invito.
La mona lanza un saltito,
la mona trepa a su lado:
–No quiero coco, quiero un helado.

–¡Queremos helado! ¡Queremos helado!–
gritan las monas del árbol de al lado.
–¡En la selva sólo hay cocos!

(Los monos se vuelven locos.)

Aritmética sentimental

No cuentes con mis dedos
a partir de ahora, amor.

Doña Pito Piturra

Doña Pito Piturra
tiene unos guantes;
Doña Pito Piturra,
muy elegantes.

Doña Pito Piturra
tiene un sombrero;
Doña Pito Piturra,
con un plumero.

Dona Pito Piturra
tiene un zapato;
Doña Pito Piturra,
le viene ancho.

Dona Pito Piturra
tiene toquillas;
Doña Pito Piturra,
con tres polillas.

Doña Pito Piturra
tiene unos guantes;
Doña Pito Piturra,
lo he dicho antes.

Lejos de mi pueblo

Cambio rascacielo de New York
por pino de Cercedilla;
Río Sescuajana por seco Manzanares;
Chesterfield por Bisonte
Cadillac por burro,
refrigeración instalada por «pay-pay»
güisqui por chato tinto,
Quinta Avenida por calle Tribulete,
televisión, por balcón en Argumosa,
máquina lavadora por Pepa cantando el último cuplé.

¿Hay quién dé más?
¡Un dólar por una perra gorda!
¿Hay quién dé más?
¿Hay quién lo dé?
–Dirección Gloria Fuertes
Lewisburg, Bucknell.

La soledad, yo y la paz
hacemos un *ménagè à trois*.

Sólo tres letras

(Canción para la paz)

Sólo tres letras,
tres letras nada más,
sólo tres letras
que para siempre
aprenderás.

Sólo tres letras
para escribir PAZ.

La P, la A, y la Z,
sólo tres letras.

Sólo tres letras,
tres letras nada más,
para cantar PAZ,
para hacer la PAZ.

La P, de Pueblo,
la A, de Amar
y la zeta
de zafiro o de zagal.
(De zafiro
por un mundo azul,
de zagal,
por un niño
como tú.)

No hace falta ser sabio,
ni tener bayonetas,
si tú te aprendes bien,
sólo estas tres letras,
úsalas de mayor
y habrá paz en la tierra.

Cuando me dejó me dije:
Prefiero este fin de pena
que una pena sin fin.

Rebautizada

… Desde aquel mismo día,
que creí que iba a ser uno de tantos,
organicé cajones,
rompí papeles,
recogí algunos llantos
que encharcaban
mi frente.
Me baupicé
y me puse Lázara Fuertes.

Cuando me vaya...

Cuando me vaya...
no quiero ser estatua,
ni cuadro, ni vitrina,
sólo si acaso de saco una cortina
que te entorne la luz para que duermas.
Quisiera convertirme en tu linterna
y serte útil cuando no ves claro,
eso y sólo dormirme en tu costado
y amanecer rezando en tu cadera.
Quisiera ser la lluvia en tu pradera
o tú mi lluvia o yo tu mar y tú mi barco
o al revés, jugar,
ser siempre un niño que en el amor me crezco,
quisiera ser,
todo lo que ya soy y aún no merezco.

Cancioncilla

¡Qué lejos estás de la luna!
—dijo el pájaro a la hormiga.

¡Qué lejos estás del mar!
—dijo el árbol al arroyo.

¡Qué lejos estás del cielo!
—dijo la rana a la estrella.

¡Qué cerca estás de mí! —
dijo el agua del pozo
a la luna lunera.

Si pudiera resucitar a ciertos muertos

Si pudiera resucitar a ciertos muertos,
a Phyllis la primera,
a mi hermano Angelín el pequeño,
a mi padre, ahora que me ayuda,
a mi madre, ahora que la quiero.

¡Si pudiera resucitar ciertos amores!
a Manolo y a Rivas por ejemplo.
Y a este amor que agoniza
en otras rutas,
¡y a este amor, que todavía tengo!

¡Si pudiera resucitar a todos
los que he querido y quiero!

Desde siempre

Desde siempre escribo donde vivo
y lo que vivo.
Mis primeras cuartillas,
escribí en la cocina,
en la máquina Singer
a los catorce años.
Escribí en el solar,
después en el asfalto.
A la luz de un candil.
El año treinta y cuatro.
A la luz de una hoguera
—fue durante tres años—.
A la luz de un amor
a la luz de otro amor
a la luz de otro amor
—los tres se han apagado—.

Ahora escribo a la luz de la luz
en la terraza abierta
con los brazos cerrados.

Sigo en gerundio

Una gente se muere poco a poco,
otra se mata poco a poco.

Yo pertenezco a…

Ustedes pueden adivinar.

Por eso sigo en gerundio
andando
      cantando
            odiando
y,
  disimulando.

No fui justa conmigo

No fui justa conmigo,
quise penitenciarme,
salí a la calle
y anduve muchos años
con los zapatos al revés.

No sé por qué me quejo...

No sé por qué me quejo porque al fin estoy sola.
Y el placer de tirar la ceniza en el suelo,
                sin que nadie te riña.
Y untar pan en la salsa,
y beberse los posos,
y limpiarse la boca con el dorso de la mano,
cantar al vagabundo porque al fin fue valiente,
ir matando los besos como si fueran piojos,
beber blanco,
pronunciar ciertas frases
decir ciertas palabras,
exponerte a que un día te borren de la nómina...
No debiera estar seria
pues vivo como quiero,
sólo que a veces tengo
un leve sarpullido.

La noche del grillo

—Cri, cri, cri.
—Hay un grillo por aquí,
que no me deja dormir.
　　　—Cri, cri, cri.
—Se ha escondido en el retrato.
¡Mátale!
—Yo no mato,
tío Renato,
qué mal rato.
　　　—Cri, cri, cri.
—¡Ay, qué noche con el grillo,
va saltando hacia el pasillo,
se metió bajo un ladrillo!
¡Ay qué pillo es este grillo!
　　　—Cri, cri, cri.

(Se levantó la muchacha y...)
—¡Qué asco una cucaracha!
—Que no es una cucaracha,
muchacha,
no canta una cucaracha.
　　　—Cri, cri, cri.
Le echaron polvos de talco,
el grillo se durmió un rato.

Por la mañana temprano,
apareció en un zapato.
Lanzó un grito la muchacha:
—¡Socorro!
¡Me está mordiendo los dedos
del pie
la cucaracha!

La poetisa,
la que deja perfume
por donde pisa,
está friega que friega,
guisa que guisa.

Y convertí mis defectos
en afectos
y quedé tan guapa.

La pulga Federica

La pulga Federica
a picar se dedica,
porque es su obligación,
la gente la critica,
si pica porque pica.
¡Qué falta de atención!

La llevan al colegio,
no para de saltar,
distrae a los chiquillos,
va de aquí para allá.

Es pulga, es sólo pulga,
y lo suyo es picar.
La maestra le dice:
—Pulga, te portas mal.

Dio un salto, se fue al mapa
y se metió en el mar.

Autobio

Nací a muy temprana edad.
Dejé de ser analfabeta a los tres años,
virgen, a los dieciocho,
mártir, a los cincuenta.

Aprendí a montar en bicicleta,
cuando no me llegaban
los pies a los pedales,
a besar, cuando no me llegaban
los pechos a la boca.
Muy pronto conseguí la madurez.

En el colegio,
la primera en Urbanidad,
Historia Sagrada y Declamación.
Ni Álgebra ni la sor Maripili me iban.
Me echaron.
Nací sin una peseta. Ahora,
después de cincuenta años de trabajar,
tengo dos.

La gallina sin pollitos

La gallina llora en el gallinero,
con un quiquiriquí muy lastimero.

—¿Qué te pasa gallinita?
—dijo su gallo.
—Que todas mis amigas tienen pollitos
y yo ninguno.

—Si no puedes poner huevos
ya adoptaremos uno.
No estés triste, mi gallina,
vamos a adoptar un huevo
en la granja de la esquina.

He dormido

He dormido en el andén del metro,
—por miedo al despellejo de metralla—,
he dormido en el borde de la playa
y en el borde del borde del tintero.

He dormido descalza y sin sombrero
sin muñeca ni sábana de arriba
me he dormido sentada en una silla
—y amanecí en el suelo—.

Y la noche después de los desahucios
y los días después del aguacero,
dormía entre estropajos y asperones
en la tienda del tío cacharrero.

Crecí, me puse larga regordeta,
me desvelé, pero seguí durmiendo,
llegué a mocita dicen que a poeta,
y terminé durmiéndome al sereno.

Y a pesar de estos golpes de fortuna
ya veréis por qué tengo buen talante;

he dormido a las penas una a una,
y he dormido en el pecho de mi amante.

Ciudad –fin de jornada–

Tanto vivo en el metro va de cuerpo presente
con los ojos cerrados de cansancio y de sueño;
los escupe la boca del suburbano,
y caminan… caminan…
sin mirar que atardece,
que el cielo está bonito.

Durmiendo contigo
que me apaguen la vela.

¡Al carro!

(Canción de corro)

Al carro de la zanahoria,
comeremos escarola,
lo que comen los jilgueros.
—¡El puré para el abuelo!

Al corro de la batata,
comeremos mermelada,
lo que comen los golosos.
—¡Tú no juegas por tramposo!

Al corral de doña Loba,
comeremos escarola.
¡Niño, quítate los guantes,
que vas a comer guisantes!

Al carro de los bomberos,
jugamos a apagar fuegos,
con el fuego y con las cañas,
asaremos las castañas.

Al corro de los amigos,
comeremos pan con higos.
Comeremos serpentinas,
lo que comen las gallinas.

¡Al corro de los vecinos,
comeremos peces finos,
lo que comen los pingüinos,
y piñones de los pinos!

¡Niño, quítate los guantes,
que vas a comer guisantes!

Pena

Cuánto he sufrido hoy lunes.
Son las doce y un segundo de la noche
no es ni siquiera martes.
Esto es parecido a reventar
no es ni siquiera parto.

Problema
(Cuento)

Una noche muy oscura,
el Lunes fue a ver al Martes
para preguntarle por el Miércoles,
el Martes dijo que se lo preguntara al Jueves.
El Jueves dijo: —¡No sé!
Por allí se acerca el Viernes con el Sábado también.
¡Buscamos al Miércoles!
¿Le habéis visto antes?
Preguntádselo al Jueves
que le tiene delante.
Y cuando todos le buscaban en la noche,
llegó el día tan campante.

Interior con mariposa muerta

Interior con mariposa muerta en el sofá.

Oxidadas tengo las bisagras de mis ojos
de tanto llanto llano;
se van empequeñeciendo estas niñas,
que ayer me miraban alegres
desde el fondo del espejo;

desde el fondo de la botella
me miran taciturnas
las pasadas horas felices.

¡No me basta el pasado!

¡No quiero que se pase!

Y el pasado me pisa y me posa
y al final me posee, como una amante religiosa.

También había un ángel inocente
saltando a la comba con una culebra.

Todo esto acabo de verlo
en el fondo del fondo
de la botella.

De mi diario

Noches enteras en los refugios (1936-1939)
Noches enteras en las barras (1969-1975)
Noches enteras en el sufrimiento (1970-1975)
Noches enteras en armonía (1993 al infinito)

La bruja Burbuja

Mago
majo
cara
de ajo,
por birbilirroque,
sácame la espina
del cogote.

Bruja
Burbuja
maga
maja
cara de paja.
Por la hierba
del culantrillo,
sácame los granos
debajo el flequillo.

Bruja Burbuja,
bruja blanca,
con anca de rana
y pelos de ajo
haz un brebajo,
para que los pobres
tengan trabajo.

Haz una bebida
para que mi club
gane la partida,
puré de bellotas
para que en el cole
saque buenas notas.

Supermercado en Animalandia

Cargada va la jirafa
con una buena garrafa.

Viuda triste se ha quedado
y va a vender al mercado.

–¡Vendo el churrito caliente
y el vasito de aguardiente!

El parroquiano Elefante,
lleva una trompa constante.

Caracol –junto a la pila–,
de su casa un piso alquila.

Doña Tortuga y don Oso
venden queso mantecoso
–quesitos y requesones,
especial para ratones–.

La simpática lechuza
vende la fresca merluza.

La vaca vende morcilla.
Doña Cerda mantequilla.

Y está vendiendo don Gato
el rico «foa-gras» de pato.

Doña Foca y don Pingüino
venden el helado fino.

Dos búhos que son poetas,
venden cuentos y cometas.

Y lo mejor del mercado,
es que todo es regalado.

Deseamos

Deseamos:
Que no vuelva a haber otra guerra,
pero si la hubiera,
¡que todos los soldados se declaren en huelga!

Es más cómodo estar muerto

Es más cómodo estar muerto
pero mucho más expuesto;

los canales que tenemos
se nos llenan de hormigueros.

Se nos casan tan contentos
los amores que tenemos,

se reparten nuestros ternos
los amigos que tenemos...

Nos olvidan:
—si te he visto no me acuerdo—,
y además
¿y si es verdad
lo de Don Pedro Botero?

Es más cómodo estar muerto
pero mucho más expuesto.

La espera

(versos pueblerinos)

Aquí que me ves estoy
con una rama en el pico,
con una oliva en la rama,
con la vida casi en vino.
Escribiendo como un monje,
estudiando como un niño,
trabajando como un tonto,
observando como un simio,
esperando como un huevo
a ser útil —pollo o frito—
ESPERANDO sobre todo
(¡Qué verbo tan socorrido!)

Vivir es la larga espera
de todo lo que ha nacido,
(que resulta un *sin-vivir*
de tanto esperar vivirlo):

Colocación, el empleo,
que la beca, que el destino,
ahora un viaje, luego boda,·
que nos quieran… luego un piso;
ascender, tener salud,
ser importante, ser rico.
Tener más… a ver si llega…
… pudiera ser…
… ¡Si muriera fulanito!

Conocí a un camaleón
que vivió como un bendito;

la ocupación de *esperar*,
no nos deja hacer lo mismo.

Don Libro helado

Estaba el señor Don Libro
sentadito en su sillón,
con un ojo pasaba la hoja
con el otro ve televisión.

Estaba el señor Don Libro
aburrido en su sillón,
esperando que viniera... (a leerle)
algún niño lector.

Don Libro era un tío sabio,
que sabía de luna y de sol,
que sabía de tierras y mares,
de cuentos y aves,
de peces de todo color.

Estaba el señor Don Libro
tiritando en su sillón,
vino un niño, le cogió en sus manos
y el libro entró en calor.

Pirámide

Este muerto está malo,
algo le pasa,
no come,
las manzanas de anoche están intactas.

Todo espera que te espera

Todo espera que te espera:
a la ola,
la playa con su arena.

Espera ser flauta el pito,
el huevo espera ser pollito,
la flor espera ser pera.

El gusano de seda espera ser capullo,
el capullo espera ser mariposa,
la mariposa espera ser otra cosa,
la otra cosa espera ser otoño,
el otoño espera ser invierno,
el invierno espera ser cuaderno,
el cuaderno espera ser libro,
el libro espera ser leído.

El relámpago espera ser trueno,
el trueno espera ser rayo,
el rayo espera ser lluvia,
la lluvia espera ser mayo,
el mayo espera ser flores.

La cueva espera ser luz,
el niño espera ser hombre,
el hombre espera el autobús.

Dentro de mil años

Dentro de mil años,
aún esperará tus besos en su cráneo.
La momia de Gloria.

Textiles

El buen género en el arca ya no se vende.
–Ni en el arca, ni en el mostrador
¿Quién queda?
–¿Quién nos queda de nuestros amigos del pasado?
–Se han pasado...
–¿Se han pasado al enemigo?
–Eso ha sido.
–¿Quién nos queda de nuestros amigos del pasado?
–Se han pasado...
rozado,
desgastado.
–¡Qué mal género es el género humano!

¡No está mal!

El perro entiende.
El cocodrilo llora.
La hiena ríe.
El loro habla.
El hombre entiende,
            llora
            ríe
            habla
y además puede leer.
De todos los animales de la tierra
sólo el hombre puede leer
para dejar de ser animal.

¡No está mal!

El mendigo de los ojos

Una vez a la semana
llamaba con su palo a mi puerta.
—Soy el pobre de los jueves.
Yo, si estaba haciendo algo interesante,
le mandaba a la gloria para que Dios se lo diera,
y si no, yo misma, le acercaba el pan de mi cena
a los higos de mi desayuno.

El pobre de los jueves llevaba un zapato y una zapatilla,
una gorra con piojo,
una bufanda llena de barro
unos dedos llenos de mataduras,
un saco lleno de papeles,
un aliento lleno de vino,
una medalla del Perpetuo Socorro
y un eczema.

Y nada de esto me chocaba,
tan sólo me extrañaba a mí sus ojos,
eran de color naranja
y hacían ruido al cerrarse.

Que quien me cate se cure

Qué inutilidad es ser
–cualquier profesión discreta–;
no quiero ser florecilla quitameriendas,
quiero ser quitadolores,
Santa Ladrona de Penas
ser misionera en el barrio
ser monja de las tabernas
ser dura con las beatas
ser una aspirina inmensa
–que quien me cate se cure–
rodando por los problemas.
Hacer circo en los conflictos,
limpiar llagas en las celdas,
proteger a los amantes imposibles,
mentir a la poesía secreta,
restañar las alegrías
y echar lejía donde el odio alberga.

Si consigo este trabajo,
soy mucho más que poeta.

Me pedían unos versos
para el concurso de floricultura

–Ni describo ni escribo a las flores,
ya están hechas poema–.

Con esta nota
dejé empantanados a los organizadores
del Homenaje a la Rosa Puty
creada a base de injertos por la putísima
esposa del banquero.

En vez de,
me largué al suburbio
de flores maleantes,
les leí mis ocurrencias
a las madres embarazadas
a los niños delincuentes
a los viejos sin retiro
y a las bellísimas
y sucias chavalas
que iban saliendo
de sus chabolas
de lata y carbón.

A mis pies,
un hermoso ramo de pobres
que olían a sudor.

Me tuve que subir
sobre unos ladrillos
para que me vieran.
Parecía mi propia estatua viva.

La araña y el pollo

—¿Qué haces ahí pollo frío
en la orillita del río?

—Yo me río con el río
que no para de correr,
me estoy haciendo una barca
con la cáscara de nuez.

¿Me acompaña,
Doña Araña?

—No pollo, no sé nadar,
lo mío, sólo es tejer
todos los días del año,
yo vivo en ese castaño.

Y entre castaña y castaña,
se puso a tejer la araña.

Nombramiento

También tengo días buenos,
días en que el Hado está a mi lado.
Acaban de nombrarme:
«Virgen de los Versos,
Patrona de los Amores Prohibidos»
la juventud del barrio.

Miedo da a veces coger la pluma

Miedo da a veces coger la pluma y ponerse a escribir,
miedo da tener miedo a tener miedo,
yo por ejemplo que nunca temí nada,
pudiera ser que un día sintiera frío,
un frío nuevo que no le da el invierno.
Es malo que te corten las alas con un palo.
Es duro que los niños no te entiendan.
Es bastante difícil ser feliz una tarde
y lo mejor para sufrir es tener una viña.
Qué mal sienta la angustia si estás desentrenado.
Cómo te quema el pelo la gente que te grita.
Es lamentable y cruel que te roben el aire.
Afortunadamente esto durará poco,
y lo otro, lo otro puede ser infinito.

Voy a ti,
no te lo pierdas.

El cuco preso

Cuco cuquillo
fumaba un pitillo.

Le dijo el portero:
—Pague *usté* al casero.

—Espérese un poco.
(Cuco se hizo el loco.)

Cantando el *tarara*
Cuquillo no paga.

Le mandan los guardias
(dos chicharras eran)
llevaban cuchillos,
sables de madera.

Y al pobre Cuquillo
llorando le encuentran;
le cortan las alas,
detenido queda.

—¡Pague *usté* su casa!

—No tengo moneda...,
me compré este cuento,
me quedé sin ella.

—¡Irá *usté* a la cárcel
bajo las moreras!
—Es una injusticia…
hagan lo que quieran.

Viendo los dibujos
de un cuento de seda,
el Cuco Cuquillo
cantaba en la reja.

Es una mierda

Es una mierda
haberme vuelto cuerda
y no insistir en la misma dirección.
Es una mierda
volver a tener luz y ver tan claro,
que soy un nombre más,
en el amado.
Ya como antes no grito,
y sollozo bajito
que yo no soy amada.
Es una mierda,
haberme vuelto cuerda
para nada.

El taxista

El taxista,
iba por la autopista
y chocó con un turista.

–¿Es que usted no tiene vista?
El turista le mandó a la «eme».
El taxista se fue a la «eme 30»
y llamó por teléfono a la parienta.
–María, prepara el estofado,
que voy cansado.
(El taxista,
se salió de la pista).
–María, prepara el cocido
que voy herido.

La esposa lanzó un alarido.
–¡Ay mi pobre marido,
que viene herido!
Y colorín colorido…
el taxista cenando se ha dormido.

De la vida por ahora
no me cerrarán la puerta,
besaré por no morir
amaré por no estar muerta.

Sí es posible

Lo deseo, me gustaría,
hacer una obra de arte
no con la pluma (otro libro)
no con el pincel (otro cuadro)
no con el piano (otra música)
no con el acero (otra vía),
hacer una obra de arte con mi vida.

Cómo se dibuja una tormenta

Cayó teja del tejado,
sobre un pato mareado.
El viento por la azotea,
se cayó la chimenea.
Después de un trueno sonoro
sé calló hasta el loro.

Del pinar cayó una piña
e hizo un chichón a una niña.
Del balcón se cayó un tiesto
e hizo un chichón a Modesto.

A lo lejos cayó un rayo
(¡Me desmayo!)
Llueve, llueve, llueve, llueve,
a salir nadie se atreve.
El huracán ha surgido,
¡qué estampido,
nunca vi volar un nido!

Agárrate a la escalera
(aquí vuela hasta mi abuela).

El viento sopla sopleta.
¡Se cayó la veleta!

El viento sopla ¡de pena!
se cayó la antena.

Tormenta, tormento…
Se calló el televisor.
Se calló el cuento.
Lo siento.
¿Oís al viento?

Noticia de los periódicos

Un guante de los largos,
siete metros de cuerda,
dos carretes de alambre,
una corona de muerto,
cuatro clavos,
cinco duros de plata,
una válvula de motor,
un collar de señora,
unas gafas de caballero,
un juguete de niño,
la campanilla de la parroquia,
la vidriera del convento,
el péndulo de un reloj,
un álbum de fotografías,
soldaditos de plomo,
un San Antonio de escayola,
dos dentaduras postizas,
la ele de una máquina de escribir,
un yoyó, un guardapelo.

¡Todo esto tenía el avestruz en su estómago!

En la peluquería

Hágame una Apocalipsis permanente
ricito afro
(así ni la espero ni la temo
la llevo puesta.)
La llevamos puesta, lector.

Brindis cotidiano

¡Brindo,
por una paz perenne (no sólo duradera),
que dure,
lo que dure el hombre en esta tierra!

¡Brindo,
por la alegría del planeta!
¡Brindo por el arroz y la lenteja!
¡Y porque todos tengamos un poeta!

¡Brindo,
por la felicidad pequeña,
por el amor grande,
por la sonrisa tierna!

¡Brindo con las copas de todos los árboles
de la tierra!
... Y brindo de verdad,
(–¡aunque no salga de esta borrachera!–).

El ciempiés ye-yé

Tanta pata y ningún brazo
¡qué bromazo!
Se me dobla el espinazo,
se me enredan al bailar.

¡Qué crueldad!

Por delante y por detrás,
sólo patas nada más.

Grandes sumas
me ofrecieron,
si futbolista prefiero
ser,
pero quiero ser cantor
y tocar el saxofón
con la pata treinta y dos
en medio de la función.

–¿Tú qué haces?
–Hago reír.
–¡Vaya cosa!
–No digas que ¡vaya cosa!
Es la cosa más difícil
y es la cosa más hermosa,
hacer reír a los niños,
hacer reír a la esposa.
¿Lo haces tú?

No digas que ¡vaya cosa!
Hacer sin espina rosa
y de la vida achuchada
hacer nacer carcajada
y de una pistola horrible,
sacar palomas queribles.
¿Lo haces tú?

El viento es un fantasma.
Aunque se le mire,
nunca se le ve.

Versos para jugar

En el país del camisón, son, son,
esto era un botón, ton, ton,
que buscaba un ojal
para jugar.

En el país de los calvos, alvos, alvos,
esto era un peine, peine, peine,
que buscaba una melena
para peinar.

En el país de los castillos amarillos,
esto era un fantasma con asma, asma, asma,
que buscaba una sábana
para asustar.

En el país de los bosques boscosos, osos, osos,
esto era un enano de a pie, pie, pie,
que buscaba un libro
para crecer, crecer, crecer.

Y el enano leyó y creció.
Y el botón se abrochó.
Y el calvo se peinó.
Y el fantasma asustó.
Y el enano al leer creció.
Y el cuento acabó.
Y termina la función.

A modo de autoepitafio

Cargada de espaldas
de amores
de años
y de gloria,
      ahí queda la Fuertes.

Procedencia de los poemas

ACONSEJO BEBER HILO, Colección Arquero, Madrid, 1954.

Lo confieso 14
Hay un dolor colgando 17
Estoy en un convento 29
Estamos bien 30
Tengo un no sé si... 36
Tengo que deciros 38
Cosas que me gustan 39
No sabemos qué hacer 45
No dejan escribir 92
No tengo nunca nada 103
Mi vecino 111
Cristales de tu ausencia 123
La última visita 163
A veces me sucede 164
No sé por qué me quejo... 183
Pena 196

ANTOLOGÍA Y POEMAS DEL SUBURBIO, Colección Lírica Hispana, Caracas (Venezuela), 1954.

Es inútil 18
No perdamos el tiempo 64
Es obligatorio 72
Nota biográfica 78
Al borde 106
Escalando 107

Pienso mesa y digo silla 166
El mendigo de los ojos 214

TODO ASUSTA, Colección Lírica Hispana, Caracas
(Venezuela), 1958.
¡Hago versos, señores hago versos! 27
La vida es una hora 49
Resulta que Dios está desnudo 85
Ya ves qué tontería 115
Todo asusta 117
Miedo da a veces coger la pluma 220

NI TIRO, NI VENENO, NI NAVAJA, El Bardo, Barcelona,
1965.
El pasillo es tan largo... 50
Sociedad de amigos y protectores 86
Nací para poeta o para muerto 124
Me crece la barba 135

POETA DE GUARDIA, Lumen, Barcelona, 1968.
Soy afiliada 24
Sale caro ser poeta 68
Viene la ausencia 82
Nunca terminaré de amarte 109
El guía de la abadía 129
A no ser en tus manos 159
Es más cómodo estar muerto 205

CÓMO ATAR LOS BIGOTES AL TIGRE, El Bardo, Barcelona,
1969.
Geografía humana 11
La huéspeda 46
De prestado 94
La linda tapada 97

Te vi 104
Fumando 125
Oración 133
La vida es un cigarro 145
He dormido 191
Ciudad –fin de jornada– 192
La espera 206
Pirámide 209
Que quien me cate se cure 215

AURORA, BRÍGIDA Y CARLOS, Lumen, Barcelona, 1970.
Q es para queti-queta 157

DON PATO Y DON PITO, Escuela Española, Madrid, 1970.
Avería en el mar 13
Canción de la rana rana 34
La carcoma 76
¡Qué patas tiene el tiempo! 108
La brisa y el viento 150
Abril 162
Cancioncilla 178
Problema 197
Supermercado en Animalandia 202
Noticia de los periódicos 230

LA PÁJARA PINTA, Madrid, 1972.
El cuco preso 222
El ciempiés ye-yé 233

EL HADA ACARAMELADA, Escuela Española, Madrid, 1973.
Los diez dedos 93
La gallinita 126

En Aravaca 165
Doña Pito Piturra 170

SOLA EN LA SALA, Javalambre, Zaragoza, 1973.
Carta explicatoria de Gloria 140
Hay tres clases de personas 154
Sigo en gerundio 181
Interior con mariposa muerta 198

LA OCA LOCA, Escuela Española, Madrid, 1977.
La gata y la rata 15
Cómo se dibuja una tormenta 228

EL CAMELLO COJITO, Escuela Española, Madrid, 1978.
Niño barato 155

HISTORIA DE GLORIA (AMOR, HUMOR Y DESAMOR),
Cátedra, Madrid, 1981.
¡Qué número! 9
Afortunadamente 21
En las noches claras 33
Política 51
Desde este desierto de mi piso 59
Cuando den flores los cuernos del ciervo 70
Homenajes póstumos 73
Descripción en paisaje de un desnudo sin cabeza . . . 74
Proceso creativo 83
No es lo mismo 89
Cuando la casa escasa 95
Lo, lo lógico 112
Hay tantas... 114
Lo que me enerva 118
Postal 122
Del 36 al 39 138

Anuario 139
Nubarrones 148
Gracias, amor 152
La oca loca 158
Me gustaría tener una amiga 161
Aritmética sentimental 169
Cuando me vaya... 177
Si pudiera resucitar a ciertos muertos 179
Desde siempre 180
Autobio 189
Deseamos 204
Dentro de mil años 211
Textiles 212
Me pedían unos versos para el concurso de floricultura . 216
Nombramiento 219
Es una mierda 224
En la peluquería 231
Brindis cotidiano 232
A modo de autoepitafio 237

EL ABECEDARIO DE DON HILARIO, Susaeta, Madrid, 1982.
Fantasma 20

EL PERRO QUE NO SABÍA LADRAR, Escuela Española, Madrid, 1982.
La noche del grillo 184
La araña y el pollo 218
El taxista 225

COLEA PAYASA, ¿QUÉ PASA? Ed. Miñón. Madrid: 1983.
¿Tú qué haces? 234

COCO LOCO. POCO LOCO, Escuela Española, Madrid, 1985.

La pulga Federica 188

Don Libro helado 208

ANIMALES GENIALES, Escuela Española, Madrid, 1988.

La gallina está triste 56

EL PIRATA MOFETA Y LA JIRAFA COQUETA, Escuela Española, Madrid, 1988.

Nana de la tía tonta 22

El regalo de la abuela 96

Las monas caprichosas 168

Sólo tres letras 173

PLUMILINDO, Escuela Española, Madrid, 1988.

Canción del gusano sano 31

Poesía para pensar 69

Fortunato y su fortuna 100

La bruja Burbuja 200

PACA, LA VACA FLACA, Escuela Española, Madrid, 1990.

Rabicorto y orejudo 136

El jardín encantado 160

LA NORIA DE GLORIA, II, Madrid, 1990.

Con un cero 116

LA POESÍA NO ES UN CUENTO, Bruño, Madrid, 1990.

El cocinero distraído 58

Las tres tontas 128

Poema al no 134

¡No está mal! 213

Sí es posible 227

LA PATA METE LA PATA, Susaeta, Madrid, 1992.

El pájaro enjaulado 62
La vaca llorona 88
La pata mete la pata. 102
Una de gatos 146

CHUPACHÚS, Susaeta, Madrid, 1995.

El camello 42
Sancho Panza 43
Nana al Coco 71
La araña 80
Diálogos de huevos fritos 90
¡Al carro! 194
Versos para jugar 236

EL LIBRO DE LAS MARAVILLAS, Susaeta, Madrid, 1995.

El río 44
A mi amigo el sol 52
El viento es un fantasma 235

MUJER DE VERSO EN PECHO, Cátedra, Madrid, 1995.

Éramos de cáñamo dos cuerdas 16
Sueño 13 26
Desde entonces no sé lo que me digo 32
El sereno 35
Siempre con los colores a cuestas 53
Mi partido es la Paz 57
El la creyó ligue fácil 110
Ángelus 119
No necesito odiar 131
Autobio 137
Cuando la revolución de mil novecientos veinte 143
La subnormal a un muerto acunaba 144
Letra bailable 149

Que todo hay que decirlo en un poema 151
Menudo menú 156
Tener de nada y de todo 167
Rebautizada 176
No fui justa conmigo 182
De mi diario 199

PIENSO MESA Y DIGO SILLA, Susaeta, Madrid, 1995.
Nana 40
La lavandera 55
Habla el lápiz con la goma de borrar 84
La poeta 99

LA SELVA EN VERSO, Susaeta, Madrid, 1995.
El ratoncito y el elefante 37
Doce cerditos 54
La gallina sin pollitos 190

VERSOS FRITOS, Susaeta, Madrid, 1995.
Todos contra la contaminación 10
Cultura 25
Don Segundo 48
Paco pica, el niño ajo 66
Todo espera que te espera 210

GLORIERÍAS, Torremozas, Madrid, 1998.
Cuando me enteré que el dictador 75
1.200 metros por segundo recorre una bala 113
La soledad, yo y la paz 172
Cuando me dejó me dije 175
Durmiendo contigo 193
Voy a ti 221
De la vida por ahora 226

ES DIFÍCIL SER FELIZ UNA TARDE, Torremozas, Madrid, 2005.

    Mantenerse en estado optimista 61
    Autobio 98
    Y convertí mis defectos 187

LOS BRAZOS DESIERTOS, Torremozas, Madrid, 2009.

    La poetisa 186

ANIMALES GENIALES

    Los tres pingüinos 132

TVE

    Un globo, dos globos, tres globos 60

INÉDITO

    Lejos de mi pueblo 171

Índice

Prólogo, *por Paloma Porpetta* 7

¡Qué número! 9
Todos contra la contaminación 10
Geografía humana 11
Avería en el mar 13
Lo confieso 14
La gata y la rata 15
[Éramos de cáñamo dos cuerdas] 16
Hay un dolor colgando 17
Es inútil 18
Fantasma 20
Afortunadamente 21
Nana de la tía tonta 22
Soy afiliada 24
Cultura 25
Sueño 13 26
¡Hago versos, señores! 27
Versos con aja y eja 28
Estoy en un convento 29
Estamos bien 30
Canción del gusano sano 31
Desde entonces no sé lo que me digo 32
En las noches claras 33
Canción de la rana rana 34
El sereno 35
Tengo un no sé si... 36

El ratoncito y el elefante 37
Tengo que deciros 38
Cosas que me gustan 39
Nana 40
El camello 42
Sancho Panza 43
El río 44
No sabemos qué hacer 45
La huéspeda 46
Don Segundo 48
La vida es una hora 49
El pasillo es tan largo... 50
Política 51
A mi amigo el sol 52
Siempre con los colores a cuestas 53
Doce cerditos 54
La lavandera... 55
[La gallina está triste] 56
Mi partido es la Paz 57
El cocinero distraído 58
Desde este desierto de mi piso 59
Un globo, dos globos, tres globos 60
[Mantenerse en estado optimista] 61
El pájaro enjaulado 62
No perdamos el tiempo 64
Paco Pica, el niño ajo 66
Sale caro ser poeta 68
Poesía para pensar 69
Cuando den flores los cuernos del ciervo 70
Nana al Coco 71
Es obligatorio... 72
Homenajes póstumos 73
Descripción en paisaje de un desnudo sin cabeza 74
[Cuando me enteré que el dictador] 75

La carcoma 76
Nota biográfica 78
La araña 80
Viene la ausencia 82
Proceso creativo 83
Habla el lápiz con la goma de borrar 84
Resulta que Dios está desnudo 85
Sociedad de amigos y protectores 86
La vaca llorona 88
No es lo mismo 89
Diálogos de huevos fritos 90
No dejan escribir 92
Los diez dedos 93
De prestado 94
Cuando la casa escasa 95
El regalo de la abuela 96
La linda tapada 97
Autobio 98
La poeta 99
Fortunato y su fortuna 100
La pata mete la pata 102
No tengo nunca nada 103
Te vi 104
Quinientos kilos de corazón 105
Al borde 106
Escalando 107
¡Qué patas tiene el tiempo! 108
Nunca terminaré de amarte 109
[Él la creyó ligue fácil] 110
Mi vecino 111
Lo, lo lógico 112
[1.200 metros por segundo recorre una bala] 113
Hay tantas... 114
Ya ves qué tontería 115

Con un cero 116
Todo asusta 117
Lo que me enerva 118
Ángelus 119
Gatos constipados 120
Postal 122
Cristales de tu ausencia 123
Nací para poeta o para muerto 124
Fumando 125
La gallinita 126
Las tres tontas 128
El guía de la abadía 129
¿Dónde vas carpintero? 130
No necesito odiar 131
Los tres pingüinos 132
Oración 133
Poema al no 134
Me crece la barba 135
Rabicorto y orejudo 136
Autobio 137
Del 36 al 39 138
Anuario 139
Carta explicatoria de Gloria 140
Los doce meses 142
[Cuando la revolución de mil novecientos veinte] 143
La subnormal a un muerto acunaba 144
La vida es un cigarro 145
Una de gatos 146
Nubarrones 148
Letra bailable 149
La brisa y el viento 150
Que todo hay que decirlo en un poema 151
Gracias, amor 152
La oveja 153

Hay tres clases de personas 154
Niño barato 155
Menudo menú 156
Q es para queti-queta 157
La oca loca 158
A no ser en tus manos 159
El jardín encantado 160
Me gustaría tener una amiga 161
Abril 162
La última visita 163
A veces me sucede 164
En Aravaca 165
Pienso mesa y digo silla 166
Tener de nada y de todo. Tener de todo y de nada 167
Las monas caprichosas 168
Aritmética sentimental 169
Doña Pito Piturra 170
Lejos de mi pueblo 171
[La soledad, yo y la paz] 172
Sólo tres letras 173
[Cuando me dejó me dije:] 175
Rebautizada 176
Cuando me vaya… 177
Cancioncilla 178
Si pudiera resucitar a ciertos muertos 179
Desde siempre 180
Sigo en gerundio 181
No fui justa conmigo 182
No sé por qué me quejo… 183
La noche del grillo 184
[La poetisa] 186
[Y convertí mis defectos] 187
La pulga Federica 188
Autobio 189

La gallina sin pollitos 190
He dormido 191
Ciudad –fin de jornada– 192
[Durmiendo contigo] 193
¡Al carro! 194
Pena 196
Problema 197
Interior con mariposa muerta 198
De mi diario 199
La bruja Burbuja 200
Supermercado en Animalandia 202
Deseamos 204
Es más cómodo estar muerto 205
La espera 206
Don Libro helado 208
Pirámide 209
Todo espera que te espera 210
Dentro de mil años 211
Textiles 212
¡No está mal! 213
El mendigo de los ojos 214
Que quien me cate se cure 215
Me pedían unos versos para el concurso de floricultura . . 216
La araña y el pollo 218
Nombramiento 219
Miedo da a veces coger la pluma 220
[Voy a ti] 221
El cuco preso 222
Es una mierda 224
El taxista 225
[De la vida por ahora] 226
Sí es posible 227
Cómo se dibuja una tormenta 228
Noticia de los periódicos 230

En la peluquería 231
Brindis cotidiano 232
El ciempiés ye-yé 233
[–¿Tú qué haces?]. 234
[El viento es un fantasma] 235
Versos para jugar 236
A modo de autoepitafio 237

Procedencia de los poemas 239